essentials

Weitere Bände in dieser Reihe
http://www.springer.com/series/13088

Oliver Kleine

Management industrieller Produktpiraterie

Grundlagen und Überblick

Oliver Kleine
Fraunhofer-Institut für System- und
Innovationsforschung ISI
Karlsruhe
Deutschland

ISSN 2197-6708
ISBN 978-3-658-04466-4
DOI 10.1007/978-3-658-04467-1
ISSN 2197-6716 (electronic)
ISBN 978-3-658-04467-1 (eBook)

Die Deutsche Nationalbibliothek verzeichnet diese Publikation in der Deutschen Nationalbibliografie; detaillierte bibliografische Daten sind im Internet über http://dnb.d-nb.de abrufbar.

Springer Gabler

Gedruckt auf säurefreiem und chlorfrei gebleichtem Papier

Springer Gabler ist eine Marke von Springer DE. Springer DE ist Teil der Fachverlagsgruppe Springer Science+Business Media
www.springer-gabler.de

Vorwort

Nicht nur vor dem Hintergrund der in den vergangenen Jahren zu beobachtenden, zunehmenden Dynamik sämtlicher Erscheinungsformen der Produkt- und Markenpiraterie und der in diesem Zusammenhang berichteten Schäden – auch und vor allem im Industriegüterbereich –, sondern insbesondere auch wegen der Persistenz des Phänomens über die gesamte Industriegeschichte hinweg liegt eine intensivere Auseinandersetzung mit den wettbewerblichen Zusammenhängen und insbesondere den sich daraus ableitenden, faktischen Handlungsspielräumen der Unternehmen quasi auf der Hand. Ausgangspunkt dieser Veröffentlichung ist zwar meine langjährige, wissenschaftliche Beschäftigung mit der Thematik und praktische Beratungserfahrung. Ihr wesentlicher Treiber war und ist allerdings meine persönliche wie beruflich gereifte Überzeugung, dass eine wie auch immer geartete, modellgestützte Analyse eine unabdingbare Voraussetzung guter Entscheidungen ist – auch im strategischen Management und gerade im Rahmen komplexer Planungsprobleme. Dies setzt ein hinreichendes Verständnis der zugrunde liegenden Problemstellung voraus, welches gerade mit Blick auf das strategische Management der Produktpiraterie als Unternehmensrisiko meines Erachtens heute immer noch nicht gegeben ist.

Selbst wenn es unmittelbar nachvollziehbar ist, dass die unternehmerische Praxis insbesondere einen akuten Handlungsbedarf bei der Bereitstellung von Lösungen für die Planung und konkrete Ausgestaltung von Schutzstrategien gegen Produktpiraterie sieht, so sollte gerade bei der hier vorliegenden Problematik der zweite Schritt nicht vor dem ersten getan werden. Denn bekanntlich fängt jede Planung im Kopf der Entscheider an, hängt also von ihren mentalen Modellen zu der vorliegenden Problematik ab. Diese ist heute noch maßgeblich durch eine zu oberflächliche und vereinfachte Darstellung geprägt. Dementsprechend ist es mein persönliches Anliegen, mit diesem einführenden Beitrag dieser Situation entgegenzuwirken. Ich wünsche allen Lesern viel Spaß bei der Lektüre und verweise für einen vertiefenden Einblick auf meine Dissertation „Planung von Strategien gegen Produktpiraterie. Ein systemdynamischer Ansatz", erschienen 2013 bei Springer Gabler.

Gernsheim, im Oktober 2013 Dr. Oliver Kleine

Inhaltsverzeichnis

Einleitung 1

1.1 Ausgangslage

Produkt- und Markenpiraterie sind heute nicht mehr nur alleine das Problem erfolgreicher und markenstarker Konsumgüterproduzenten, sondern betrifft im zunehmenden Maße die volle Breite der industriellen Produktion. Ihre Ausmaße und Effekte haben mittlerweile ein Niveau angenommen, welches selbst auf volkswirtschaftlich-gesellschaftlicher Ebene ernst zu nehmende Größenordnungen erreicht hat. Alleine im deutschen Maschinen- und Anlagenbau sind nach aktuellen Studien zwei Drittel der Unternehmen von nicht autorisierten Nachbauten ihrer Produkte und/oder Nutzung ihrer Markenzeichen betroffen. Der jährliche Umsatzverlust wurde hier zuletzt auf mehr als 6 Mrd. € geschätzt, was einem Verlust von bis zu 40.000 Arbeitsplätzen entsprechen würde (VDMA 2010). An anderer Stelle wird der jährliche Schaden mit bis zu 50 Mrd. € für die gesamte deutsche Industrie angegeben (Peer 2009); global betrachtet liegen die Schätzungen mit bis zu 600 Mrd. € um ein Vielfaches höher. Selbst wenn der Großteil der einschlägigen Studien erhebliche inhaltliche wie methodische Defizite aufweist, so zeigen sie dennoch deutlich die globale Brisanz des Themas auf. Eine neue Facette erhält es, wenn in dieser Gemengelage neben einzelwirtschaftlichen Interessen auch zunehmend wirtschaftspolitische Motive eine Rolle spielen.

Trotz der großen politischen wie wissenschaftlichen Aufmerksamkeit, die dieses Thema in jüngster Vergangenheit erfahren hat, ein „neues“ Phänomen oder Themenfeld ist es sicher nicht: Tatsächlich lässt es sich in der einen oder anderen Form bis in die früh-geschichtliche Zeit zurückverfolgen: Erste Fälle lassen sich schon zur Zeit des Römischen Reiches in Form gefälschter „Qualitätssiegel“ römischer Weine durch gallische Winzer nachweisen. Das Problem chinesischer Produktkopien ist seit mindestens 300 Jahren bekannt. Die USA hatten ihr erstes, größeres Problem mit Markenpiraterie vor 100 Jahren im Zusammenhang mit dem Export von Baumwolltextilien – allerdings nicht mit chinesischen sondern mit englischen

O. Kleine, *Management industrieller Produktpiraterie*, essentials,
DOI 10.1007/978-3-658-04467-1_1, © Springer Fachmedien Wiesbaden 2014

Produzenten. Und auch die heute im großen Umfang betroffene deutsche Industrie begann ihre Karriere im 19. Jahrhundert sehr erfolgreich als Produktpirat im amerikanischen und englischen Maschinenbau – die Parallelen zum Vorgehen chinesischer Produktpiraten sind dabei deutlich zu erkennen. Im wissenschaftlichen Kontext wird das „Phänomen" Produktpiraterie und seine Begleiterscheinungen seit mindestens 30 Jahren beschrieben und untersucht – auch und insbesondere als Gegenstand des strategischen Managements und als spezifisches Problem von Industriegüterproduzenten. „Neu" ist daher weniger die Persistenz und unverminderte Dynamik als vielmehr die gewandelte „Qualität" des Problems. Heute sehen sich auch zunehmend Hersteller technologisch komplexer Produkte mit der Problematik konfrontiert.

Dabei ist die bloße, unautorisierte Nutzung von Know-how und/oder Produktimitation nur eine Facette des Problems. Viel schwerer scheint die nachhaltige Veränderung der wettbewerblichen Bedrohungslage durch die zunehmende Leistungsfähigkeit der Produktpiraten und geänderten Entscheidungskalküle der Kunden zu wiegen: Erstere haben heute nicht nur die technischen, sondern vor allem auch die finanziellen wie organisatorischen Ressourcen zur Verfügung, um ihre Aktivitäten in einem industriellen Maßstab durchzuführen – häufig fehlt ihnen alleine eine „starke" Marke. Kurzfristiges Gewinnstreben als einziges Leitmotiv scheint ihr Verhalten daher nicht mehr im vollen Umfang zu erklären. Speziell im Bereich technologieintensiver Industrien ist vielmehr davon auszugehen, dass ein Großteil der Produktpiraten eine feste und nachhaltig abgesicherte Position im Wettbewerb anstrebt. Nicht kurzfristig zu erzielende Gewinne, sondern primär der mit Produktpiraterie langfristig verbundene Know-how- und Kompetenzaufbau sind die Motive; das Erreichen einer nachhaltig abgesicherten Position auf dem Markt das Ziel. Die von ihnen verfolgten Strategien sowie die Professionalität ihrer Aktivitäten unterscheiden sich dabei in vielen Fällen kaum noch von denen des regulären Wettbewerbs – sie scheinen lediglich in der Wahl ihrer wettbewerbsstrategischen Mittel weniger „eingeschränkt". Gleichzeitig passen die Kunden auf Grund der qualitativen Verbesserung des „Piraterieangebots" ihre Verhaltensweisen an und beschaffen zunehmend bewusst Piraterieprodukte bzw. Produkte dubioser Herkunft. Sie berücksichtigen diese also offensichtlich explizit in ihrem Entscheidungskalkül. Beunruhigend ist, dass dieses bewusste Beschaffungsverhalten dabei kein exklusives Problem der Konsumgüterindustrie ist, sondern sich auch im Produktionsgütermarkt beobachten lässt.

Faktisch ist daher festzustellen, dass die Grenze zwischen Produktpiraterie und regulärem Wettbewerb auf Grund geänderter Wettbewerbsbedingungen zusehends verschwimmt. Tatsächlich ist sie in ihrer Konsequenz für die Existenzfähigkeit des eigenen Unternehmens letztlich irrelevant. Produktpiraten sollten heute als aktiv und rational handelnder Teil des Wettbewerbs aufgefasst werden. Durch die nachhaltige Erosion der Alleinstellungsmerkmale gefährden sie sowohl kurz- wie auch langfristig die Finanzierungsfähigkeit des betroffenen Unternehmens und sind daher als existenzbedrohender Risikofaktor einzustufen. Sie gehören nicht nur heute schon zur wettbewerblichen Wirklichkeit, sondern wird dies auch auf absehbare Zeit bleiben – die Beherrschung dieses Risikos wird damit zu einem strategischen Wettbewerbsfaktor.

Trotz des potenziell existenzbedrohenden Charakters ist die unternehmerische Praxis immer noch durch ein eher wenig ausgeprägtes Problembewusstsein gekennzeichnet – weder auf unternehmensstrategischer noch auf individueller Ebene. Produktpiraterie scheint mittlerweile zwar als existenzbedrohendes Risiko erkannt zu sein – dennoch reagieren viele Unternehmen erst im Fall eines konkreten und vor allem auch identifizierten „Angriffs". Teilweise werden die mit Produktpiraterie verbundenen Effekte auch als unvermeidliche Kosten der Globalisierung abgetan. Neuere Studien stellen zwar positiv fest, dass in der deutschen Produktionsgüterindustrie nahezu jedes Unternehmen irgendwelche vorbeugenden Maßnahmen trifft. Vor dem Hintergrund der nicht zurückgehenden Pirateriеaktivitäten scheinen die verfolgten Maßnahmen aber offensichtlich ein Effektivitätsproblem zu haben. Dies ist auch deshalb von Bedeutung, da sie selber i. d. R mit hohen Kosten verbunden sind. Neben der Maßnahmeneffektivität rückt damit auch ihre Effizienz in den Blickpunkt – besonders für die global erfolgreiche, aber eher mittelständisch geprägte deutsche Industrie.

Da neben den bekannten juristischen mittlerweile auch eine Vielzahl betriebswirtschaftlich-organisatorischer, politischer und technischer Maßnahmen zur Verfügung stehen, kommt ein Mangel an Handlungsalternativen als Ursache dafür aber weniger in Frage. Weil gerade im Kampf gegen Produktpiraterie nicht die einzelne Maßnahme, sondern ihr Zusammenwirken im Rahmen einer Gesamtstrategie entscheidend ist, liegt vielmehr die Vermutung nahe, dass die Schwierigkeiten der Unternehmen im Rahmen der Strategieplanung primär auf Probleme bei der Komplexitätsbewältigung in diesem Zusammenhang zurückzuführen sind. Besonders wenn es um die Frage nach wirksamen Strategien gegen Produktpiraterie geht ist festzustellen, dass diese i. d. R nicht die Komplexität des Pirateriewettbewerbs widerspiegeln. Ergänzt man in diesem Kontext das schon angesprochene, wenig ausgeprägte Problembewusstsein, die systematische Unterschätzung der Fähigkeit der Produktpiraten, die stark vereinfachten Denkmodelle der Entscheider sowie den eher punktuellen, taktisch geprägten Planungsprozess, werden grundsätzliche Entscheidungspathologien als Ursache für den mangelnden Erfolg wahrscheinlich – und Strategiedefekte als ihr Ergebnis offensichtlich. Auf der anderen Seite fehlt es aber auch an geeigneten strategischen Instrumenten, die es einem mit der Planung einer Strategie gegen Produktpiraterie befassten Entscheider ermöglichen würden, die aggregierte Wirkung einzelner Schutzmaßnahmen situationsspezifisch und ex-ante zu bewerten.

1.2 Betriebswirtschaftliche Problemstellung

Zusammenfassend kann nach gegenwärtiger Sachlage die sich aus der Produktpiraterie für das strategische Management ergebende Problemstellung wie folgt zusammengefasst werden:

- Produktpiraterie ist heute als ein *allgegenwärtiges* Phänomen des industriellen Wettbewerbs aufzufassen. Der festgestellte Umfang und das Ausmaß des Phänomens lassen keinen Zweifel mehr an seiner volkswirtschaftlichen Relevanz. Und auch auf betriebswirtschaftlicher Ebene ist festzustellen, dass sich das Phänomen zunehmend auf die wettbewerbsstrategischen Entscheidungen der Unternehmen auswirkt. Das Phänomen selbst ist weiterhin von einer hohen Dynamik geprägt – selbst in Zeiten einer konjunkturellen Abkühlung.
- Aus der Perspektive eines produzierenden Unternehmens ist Produktpiraterie aufgrund der aufgezeigten Schadenspotenziale grundsätzlich als ein die *Existenz* gefährdendes und in seinen Zusammenhängen *nicht unmittelbar intuitives Unternehmensrisiko* aufzufassen. Als solches sollte es Gegenstand eines systematischen und *strategischen (Risiko-)Managements* sein – was jedoch bis dato nicht zu beobachten ist. Produktpiraterie wird heute zwar weitgehend als abstrakte Gefahr wahrgenommen, von einem ausgeprägten Problembewusstsein scheint die industrielle Praxis jedoch noch weit entfernt. Produktpiraterie stellt sich für die Unternehmen zunächst mehr als abstrakte denn als konkrete Gefahr dar. Die Mehrzahl der Unternehmen reagiert erst bei einem konkreten und identifizierten Schadensfall.
- Und selbst wenn die Problematik Produktpiraterie auf die risikopolitische Agenda der Unternehmen gesetzt wird, so zeigt die Praxis, dass ein Großteil der Unternehmen Probleme bei der Ableitung einer *wirksamen* Strategie gegen Produktpiraterie hat. Dabei scheinen fehlende Instrumente zur quantitativ-fundierten Risiko- und Strategiebewertung nur ein Teil des Problems zu sein. Häufig werden in diesem Zusammenhang auch wesentliche Aspekte der Problematik im Rahmen der Planungsprozesse ignoriert oder unangemessen vereinfacht – pathologische Entscheidungen sind die Folge. Zentral scheint dabei vor allem die fehlende Anerkennung seines Charakters als *Wettbewerbsphänomen*

bzw. *-problem* zu sein. Die Planung einer Strategie gegen Produktpiraterie sollte daher grundsätzlich Gegenstand wettbewerbsstrategischer Überlegungen sein.

1.3 Zielsetzung und Inhalt

In dieser Gemengelage ist es Ziel dieses einführenden Beitrags zur Problemstellung Studierenden und insbesondere Praktikern einen einführenden Überblick zu den im Rahmen des Managements industrieller Produktpiraterie als wettbewerbsstrategisches Risiko und insbesondere bei der Planung geeigneter Gegenstrategien relevanten Sachverhalte zu geben. Er soll damit vor allem Letztere dazu befähigen 1) eine erste Einschätzung ihrer Risikoposition vor dem Hintergrund der vielfältigen Erscheinungsformen der Produktpiraterie vorzunehmen, 2) darauf aufbauend eine erste Bewertung geeigneter Begrenzungsmaßnahmen ermöglichen und 3) damit letztlich die Grundlage für die Planung robuster Gegenstrategien schaffen.

Unter diesen Voraussetzungen werden die nächsten Abschnitte die eingangs nur grob geschilderte betriebswirtschaftliche Problemstellung im obigen Sinne geeignet strukturieren und damit die grundlegende, strategische Ausgangslage der Unternehmen bzw. eines mit der Planung einer Strategie gegen Produktpiraterie befassten Entscheiders herausarbeiten und präzisieren. Dies umfasst ausgehend von einer Klärung der begrifflichen Grundlagen (Kap. 2) zunächst eine zusammenfassende Darstellung der allgemeinen, ökonomischen Relevanz der Problematik (Kap. 3) und eine kurze aber grundsätzliche Auseinandersetzung mit den rechtlichen Rahmenbedingungen (Kap. 4). Anschließend wird auf dieser Grundlage die wettbewerbsstrategische Ausgangslage industrieller Unternehmen in einem durch Produktpiraterie geprägten Wettbewerb skizziert und die ihnen in dieser Situation konkret zur Verfügung stehenden Handlungsspielräume umrissen (Kap. 5). Kapitel 6 fasst die Ausführungen zusammen.

Begriffliche Grundlagen 2

2.1 Know-how, geistiges Eigentum und geistige Eigentumsrechte

Alle drei genannten Begriffe sind nicht nur für eine präzise Abgrenzung des Pirateriebegriffs, sondern auch für die Verdeutlichung der betriebswirtschaftlichen Relevanz der Problematik von zentraler Bedeutung. Ausgangspunkt für diese Sichtweise ist die ressourcen- bzw. wissensbasierte Perspektive auf das Unternehmen, welche nun als Quelle des Wettbewerbsvorteils durch Produktpiraterie fundamental bedroht wird. Ähnlich wie der Pirateriebegriff wird auch der Begriff „Wissen" trotz seines allgegenwärtigen Gebrauchs immer noch sehr unterschiedlich definiert. Häufig erfolgt auch eine synonyme bzw. tautologische Verwendung der Begriffe „Know-how" und „Technologie" in diesem Zusammenhang. Aus diesem Grund wird eine für den vorliegenden Betirag spezifische Abgrenzung erforderlich:

> Wissen entsteht durch in einen Sinnzusammenhang gesetzte Informationen und ist das Ergebnis einer bewussten Verarbeitung, Interpretation und Kombination eben dieser. Informationen sind dabei als zielorientiert, d. h. mit einem spezifischen Problembezug geordnete, elementare Informationseinheiten (Daten) aufzufassen. Begründet das Wissen einen Wettbewerbsvorteil, so wird es als Know-how bezeichnet.

Neben der sich daraus ableitenden grundsätzlichen Differenzierung von Wissen im Allgemeinen und Know-how als spezifische, wettbewerbsrelevante Unterkategorie davon wird es i. d. R zumindest noch nach seiner Zugänglichkeit innerhalb einer Organisation unterschieden. Dies umfasst zum einen die Unterscheidung in implizites und explizites Wissen. Während Ersteres nur schwer formalisierbar, kommunizierbar und teilbar ist, wie beispielsweise das Wissen/die Erfahrung von Mitarbeitern, so bezieht sich Letzteres auf kodifizierbares und damit i. d. R auch auf unterschiedliche Know-how-Träger übertragbares Wissen wie zum Beispiel Patente oder Arbeitsanweisungen. Dabei ist neben der Zugänglichkeit auf das Wissen vor

O. Kleine, *Management industrieller Produktpiraterie*, essentials,
DOI 10.1007/978-3-658-04467-1_2, © Springer Fachmedien Wiesbaden 2014

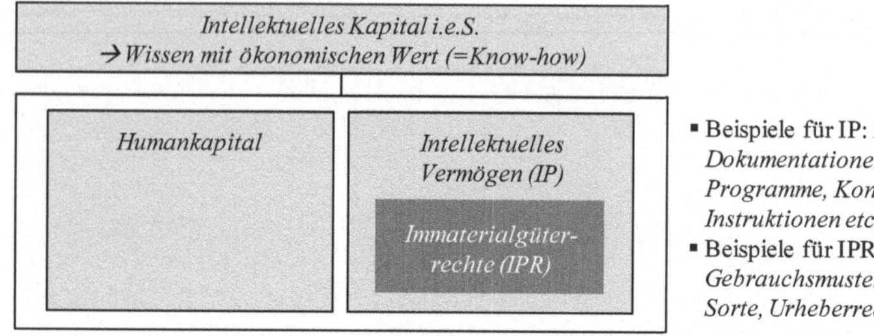

Abb. 2.1 Klassifikation des intellektuellen Kapitals. (modifiziert aus Wurzer 2007)

allem seine wettbewerbsstrategische Bedeutung für die einzelnen Wertschöpfungsaktivitäten relevant.

Als betriebswirtschaftlich relevantes Wissen ist Know-how hier jedoch nicht nur als immaterielle Ressource aufzufassen, sondern insbesondere dem *intellektuellen Kapital* des Unternehmens zuzuordnen. Dieses umfasst sämtliche Unternehmensressourcen, denen eine geistige (d. h. intellektuelle) Basis zugrunde liegt und wird typischer Weise in *Humankapital* und *intellektuelles Vermögen* im Allgemeinen sowie in *immaterielle Eigentumsrechte* im Besonderen unterschieden. Je nachdem ob dieses Gegenstand entsprechender *Immaterialgüterrechte* ist und damit zu einem verkehrsfähigen, geistigem Gut wird, ist es dem einen oder dem anderen Bereich zuzuordnen (vgl. Abb. 2.1).

International gebräuchlich sind in diesem Zusammenhang die Begriffe „Intellectual Property" (IP; Englisch „Geistiges Eigentum") sowie „Intellectual Property Rights" (IPR; Englisch „Geistige Eigentumsrechte") für die entsprechenden Schutzrechte. Die Unterscheidung zwischen Know-how im Allgemeinen und geistigem Eigentum als durch IPR schützbares Know-how im Besonderen ist dabei keinesfalls akademisch, sondern notwendig im Rahmen der Planung einer effektiven Strategie gegen Produktpiraterie, wie die folgenden Ausführungen noch zeigen werden.

2.2 Erscheinungsformen der Piraterie

Ein kennzeichnendes Merkmal der betriebswirtschaftlichen Diskussionen rund um die Problematik „Produktpiraterie" ist ihre bis heute im Detail wenig einheitliche Abgrenzung – selbst aus einer vermeintlich objektiven, juristischen Perspektive. In diesem Zusammenhang weist (Wiedmann 2002) daraufhin, dass selbst der deutsche Gesetzgeber im 1990 erlassenen Gesetz zur „Stärkung des Schutzes des geistigen Eigentums und zur Bekämpfung der Produktpiraterie“ (sogenanntes „Pirateriegesetz“) bewusst keine Definition vornimmt.

Unter diesen Voraussetzungen umfasst das Spektrum gebräuchlicher Begriffe neben „Produktpiraterie“ (englisch „product piracy/counterfeiting“) als Oberbegriff insbesondere die Bezeichnungen

- „Plagiat/Nachahmung/Sklavische Kopie/Imitation/Produktfälschung“ (englisch „knock-offs/look-alike/counterfeits“) als Ausprägungen einer produktimitierenden Piraterieform – teilweise auch als Produktpiraterie im engeren Sinn bezeichnet,
- „Überproduktionen/grauer Markt“ (englisch „over-runs/grey market goods“) als erweiterte Formen eben dieser,
- „Markenpiraterie“ (englisch „brand piracy“), die sich alleine auf das illegale Verwenden geschützter Kennzeichnungen bezieht, sowie
- „Konzeptpiraterie“ („IP theft“) in Verbindung mit der privatwirtschaftlichen/staatlichgelenkten „Industrie-/Wirtschaftsspionage“, deren wesentlicher Gegenstand nicht die Sachgüter selbst, sondern das Know-how eines Unternehmens sind – insbesondere bezüglich spezifischer Produkt- und Prozesstechnologien, Dienstleistungen oder Geschäftsprozesse.

2.3 Industrielle Produktpiraterie

Ungeachtet der in der Begriffsvielfalt dokumentierten, sehr unterschiedlichen Auffassungen über den konkreten Gegenstandsbereich der Produktpiraterie beschreiben sie dennoch auf einer abstrakten Ebene den gleichen ökonomischen Sachverhalt. Im Kern steht dabei die *unautorisierte*, *planvolle* und in *erheblichem Umfang* stattfindende Nutzung einer fremden Leistung – letzteres schließt Know-how ausdrücklich mit ein. Die Unterschiede in den vorherrschenden Abgrenzungen kommen in erster Linie durch verschiedene Auffassungen über den eigentlichen Piraterie-Gegenstand (z. B. Produkt, Marke) sowie dem Ausmaß seiner unautorisierten Fremdnutzung zustande (z. B. verletzte Schutzrechte, Umfang des Vertriebs der Pirateriewaare).

In diesem Zusammenhang ist zunächst das in diesem Sinne sehr enge Verständnis der Produktpiraterie zu nennen, in welchem beide Aspekte ausschließlich aus einer juristischen Perspektive beurteilt und der Gegenstandsbereich der Produktpiraterie und verwandter Phänomene entsprechend abgegrenzt werden – mit der Folge, dass Produktpiraterie in der Praxis vielfach mehr als rechtliches denn als wettbewerbsstrategisches Problem verstanden wird. Da sie aufgrund der alleinigen

Maßgeblichkeit existierender Vorschriften zum Schutz geistigen Eigentums nur einen Teilbereich der betriebswirtschaftlichen Problematik abdeckt bzw. Grenzbereiche ausblendet, wird diese Auffassung vor allem aus einer wirtschaftspolitischen und ökonomischen Perspektive kritisiert. Hauptkritikpunkt ist dabei ihre fehlende, praktische Handhabbarkeit. Denn zum einen ergeben sich aufgrund der international noch wenig einheitlichen rechtlichen Rahmenbedingungen faktisch *fließende* Übergänge zwischen illegaler und legaler Form der Produktpiraterie – die dann je nach Fall und Land unterschiedlich einzuschätzen wären. Und zum anderen wird so nur ein kleiner Teil des an sich als Ganzes schützenswerten intellektuellen Kapitals erfasst.

Aus diesem Grund hat sich daneben aus einer betriebswirtschaftlichen, managementorientierten Perspektive ein im obigen Sinne weit gefasstes Verständnis durchgesetzt, bei der der Gegenstandsbereich der Produktpiraterie nunmehr auf sämtliche Produkte und Verfahren ausgedehnt wird, die entweder selbst und/oder das Ergebnis einer unautorisierten Nutzung fremden Know-hows sind. Diese Sichtweise erweitert den Tatbestand Produktpiraterie gleich in zweifacher Weise. Denn zum einen wird er unabhängig von den einschlägigen Legalvorschriften auf sämtliche Bereiche des intellektuellen Kapitals ausgedehnt – was unter anderem die oben angesprochene Abgrenzungsproblematik vermeidet. D. h. es werden nun auch jene Anteile des intellektuellen Kapitals mit einbezogen, für die keine expliziten Schutzrechte existieren und/oder die Gegenstand eben solcher sind.

Und zum anderen wird die Bedeutung des Know-how-Diebstahls als Gegenstandsbereich der Produktpiraterie deutlich gestärkt – insbesondere weil damit auch der mit Nutzung fremden, intellektuellen Kapitals verbundene *Know-how-Transfer-Prozess*, der wahlweise auch als „unrechtmäßig" oder „ungewollt/unfreiwillig/widerwillig" bezeichnet wird, in den Vordergrund der betriebswirtschaftlichen Diskussion rückt. Die Art der unautorisierten Know-how-Nutzung bleibt dabei zwar ihr charakterisierendes Merkmal. Sie ist aber gleichzeitig nur ein Teil eines umfassenderen Prozesses, dessen Ziel letztlich seine systematische Vermarktung auf eigene Rechnung ist. Dieses erweiterte, prozessorientierte Piraterieverständnis erscheint auch hier zweckmäßig, so dass „Produktpiraterie" hier in Anlehnung an wie folgt abgegrenzt wird (vgl. Abb. 2.2):

> Gegenstand der Produktpiraterie sind sämtliche Aktivitäten eines Unternehmen, deren Ziel die Vermarktung eines eigenen Produktes auf Grundlage fremden intellektuellen Kapitals ist. Charakterisierende Merkmale der dafür notwendigen Aktivitäten sind neben ihrer systematischen, planvollen und im erheblichen Umfang stattfindenden Durchführung die wie auch immer geartete unautorisierte Nutzung des fremden intellektuellen Kapitals.

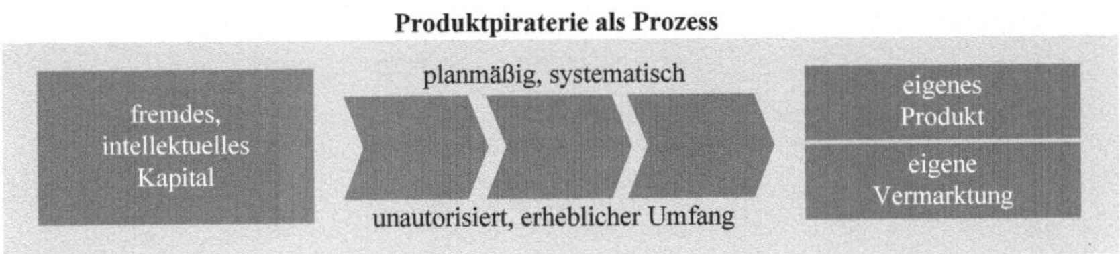

Abb. 2.2 Abgrenzung und charakterisierende Merkmale des Pirateriebegriffs. (aus Kleine 2013)

So abgegrenzt löst sich Produktpiraterie nicht nur von einer rein juristischen Sichtweise auf das Phänomen, sondern stellt dabei wie jüngst gefordert die betriebswirtschaftlichen Aspekte und seine wettbewerbsstrategischen Implikationen in den Vordergrund. Dies bedeutet jedoch keinesfalls, dass juristische Aspekte ihre Relevanz im Rahmen der Diskussion verloren hätten – sie eignen sich lediglich nicht zur Abgrenzung. Tatsächlich sind sie heute immer noch essenzieller Bestandteil des Maßnahmenarsenals gegen Produktpiraterie und von höchster Bedeutung für die Einschätzung der Bedrohungslage. Gleichzeitig fokussiert sie ausdrücklich auf die für die deutsche Industrie besonders relevante *industrialisierte* Erscheinungsform der Produktpiraterie und kann daher ihre Bedrohungslage adäquat widerspiegeln.

3 Ökonomische und betriebswirtschaftliche Relevanz

Der Auseinandersetzung mit den betriebswirtschaftlichen Auswirkungen der Produktpiraterie kommt bei der Planung geeigneter Gegenstrategien eine Schlüsselfunktion zu. Sie ist nicht nur notwendig, um das sich aus einer spezifischen Pirateriesituation ergebende Bedrohungspotenzial abzuleiten und damit seine betriebswirtschaftliche Relevanz begründen zu können, sondern bildet auch die Grundlage zur Beurteilung der Strategieeffektivität und -effizienz.

Im Folgenden sollen dafür durch einen Abriss der wesentlichen Grundlagen zur Erfassung und Bewertung von Piraterieaktivitäten (Abschn. 3.1), den von ihnen ausgehenden Effekten (Abschn. 3.2) sowie einer Darstellung des empirischen Erkenntnisstands zur Verdeutlichung des volkswirtschaftlichen und betriebswirtschaftlichen Bedrohungspotenzials (Abschn. 3.3 bzw. 3.4) die entsprechenden Grundlagen gelegt werden.

3.1 Zur Erfassung und Bewertung von Piraterieaktivitäten

Zunächst ist vorausschickend zu bemerken, dass die gesamte Thematik der Erfassung und Bewertung einer verdeckten und i. d. R. illegalen Aktivität wie Produktpiraterie nicht nur höchst umstritten ist, sondern teilweise sogar komplett infrage gestellt wird. Daher darf die Häufigkeit, mit der die einschlägigen empirischen Erkenntnisse und Schätzungen in der Presse wie akademischen Literatur zitiert werden, keinesfalls zu der Annahme verleiten, dass diese auf einer substantiell fundierten Datenbasis bzw. Berechnungsgrundlage aufsetzen. Tatsächlich ist auf Grund methodischer Mängel trotz der Vielfalt an einschlägigen Studien bei einer kritischen Betrachtung festzustellen, dass eigentlich relativ wenig über das gesamte Ausmaß des Problems bekannt ist. Gleichwohl ist anzumerken, dass sie im Rahmen einer unternehmensspezifischen Bedrohungsanalyse trotzdem oftmals die einzige verfügbare Datengrundlage darstellen. Um eine unreflektierte Nutzung des verfüg-

O. Kleine, *Management industrieller Produktpiraterie*, essentials,
DOI 10.1007/978-3-658-04467-1_3, © Springer Fachmedien Wiesbaden 2014

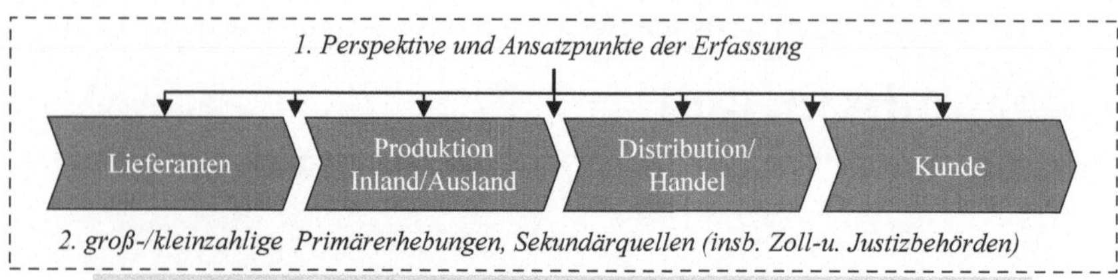

Abb. 3.1 Grundstruktur der methodischen Ansätze zur Erfassung von Piraterieaktivitäten (aus Kleine 2013)

baren Materials zu verhindern und Anregungen für die eigene Datenbeschaffung zu geben, erscheint eine knappe, kritische Skizzierung der grundlegenden Aspekte in diesem Zusammenhang angezeigt.

In der Regel ist es das Ziel sämtlicher Ansätze zur Erfassung von Piraterieaktivitäten, Aussagen zu ihrem Umfang, ihrem Ausmaß sowie ihren Effekten abzuleiten. Die konkreten Ansätze unterscheiden sich dabei vor allem in der gewählten *Erfassungsperspektive* bzw. dem gewählten *Ansatzpunkt der Erfassung* sowie in den genutzten *Informationsquellen* und angewendeten *Verdichtungsansätzen* (vgl. Abb. 3.1). Als besondere Problembereiche werden dabei neben der konkreten Wahl der Informationsquelle die im Rahmen der monetären Quantifizierung der Schäden genutzten Bewertungsansätze hervorgehoben. Letzteres können grundsätzlich auf den Originalpreise der Hersteller, der Verkaufspreise der Piraterieware, den tatsächlichen Herstellkosten inklusive Vertrieb oder entsprechend der fiktiven Zahlungsbereitschaften der Kunden basieren.

Zwar können an dieser Stelle nicht sämtliche Studien vorgestellt und kritisch gewürdigt werden, trotzdem kann auf Grundlage der Literatur festgestellt werden, dass die schwerwiegendste Kritik i. d. R. weniger methodisch oder inhaltlich begründet ist. Sie ist vielmehr der Tatsache geschuldet, dass für einen Großteil der einschlägigen Studien überhaupt keine Transparenz bezüglich der zugrunde gelegten Datenbasis, Berechnungsmethode sowie dem Ansatz als Ganzes zu beobachten ist – sie einer fundierten methodischen Kritik also gar nicht zugänglich sind. Vor dem Hintergrund, dass die Mehrzahl der Studien durch regierungs- und industrienahe Organisationen beauftragt werden, ist jenseits jeglicher methodischer Schwächen und Intransparenzen der Verdacht, dass sie primär zum Zwecke der Lobbyarbeit instrumentalisiert werden, nicht ganz von der Hand zu weisen und als grundsätzliche Kritik aufzufassen.

Zusammenfassend ist es hier ausreichend festzuhalten, dass das vorhandene Datenmaterial trotz aller Kritik zum einen zumindest die gesamtwirtschaftliche Brisanz der Problematik aufzuzeigen vermag und so einen wichtigen Beitrag zur Stärkung des Problembewusstseins leistet – auch und gerade im Kontext strategischer Unternehmensentscheidungen. Und zum anderen sind sie als für die Problematik spezifische Datengrundlage von zentraler Bedeutung für die Einschätzung/ Bewertung des Piraterierisikos. Vor diesem Hintergrund erscheint eine Auseinandersetzung mit dem verfügbaren Datenmaterial im Rahmen der Planung einer Strategie gegen Produktpiraterie nicht nur unumgänglich sondern sogar angezeigt.

3.2 Effekte der Produktpiraterie

Die ökonomischen Effekte der Produktpiraterie als solche sind mittlerweile unstrittig und umfassend in der Literatur diskutiert. Ein kennzeichnendes Merkmal der Produktpiraterie ist, dass sie sich nicht nur unmittelbar auf die direkt am Wettbewerb beteiligten Akteure auswirkt, sondern dass ihre mittelbaren Effekte den gesamten Wirtschaftskreislauf beeinflussen und damit langfristig auch die Rahmenbedingungen des Wettbewerbs an sich verändern. Dass dabei gleichzeitig viele ihrer Effekte durch große und nachhaltig wirkende Verzögerung bzw. Rückkopplungen charakterisiert sind, gilt als besondere Schwierigkeit im Rahmen der Bedrohungsanalyse.

Erschwerend kommt hinzu, dass diese aus einer Unternehmensperspektive nicht notwendigerweise nur negativer Natur sein müssen – auch wenn dies die Mehrzahl der Beiträge in diesem Zusammenhang suggeriert. Genannt werden dabei eine ganze Reihe an potenziell zu Gunsten des betroffenen Unternehmens wirkende Effekte, allen voran sogenannte *Netzwerk*, *Signalisierungs-* und *Lock-in-Effekte* (Staake und Fleisch 2008). Zwar wird das Ausmaß dieser positiven Effekte im Verhältnis zu den negativen zum Teil noch sehr kontrovers diskutiert und gilt heute mehr theoretisch denn empirisch validiert (Liebowitz 2005). Gleichzeitig ist es heute dennoch unbestritten, dass für eine ganzheitliche Beurteilung der individuellen Bedrohungslage eine Berücksichtigung dieser gegenläufigen Effekte unbedingt notwendig ist – wohl wissend, dass diese die negativen Effekte in der Mehrzahl der Fälle wahrscheinlich nie vollständig kompensieren werden.

Es ist dementsprechend die simultane Berücksichtigung dieser kurzfristigen, langfristigen sowie teilweise gegenläufigen Effekte der Produktpiraterie, die der Praxis bei der Planung von Strategien gegen Produktpiraterie größte Schwierigkeiten bereitet, auf die aber gleichzeitig für eine adäquate Bewertung nicht verzichtet werden kann. Unter diesen Voraussetzungen fasst Tab. 3.1 die am häufigsten ge-

Tab. 3.1 Negative Effekte der Produktpiraterie (modifiziert aus OECD 2008)

Perspektive	kurzfristig/unmittelbar	langfristig/mittelbar
Volkswirtschaft		*Bruttoinlandsprodukt*
		Beschäftigung
		Direktinvestitionen & Außenhandel
		Innovationsfähigkeit
		Kriminalität
		Umwelt
Staat/ Gemeinwesen		*Steuereinnahmen*
		Kosten der Pirateriebekämpfung
		Korruption
Kunden/ Konsumenten	*Produktnutzen Sicherheitsrisiken*	
Unternehmen	*Primärabsatz*	*Sekundärabsatz/-umsatz (insb. After-Sales)*
	Lizenzeinnahmen	
	Gewährleistung & Haftung	*Preisniveau*
		Marken-/Unternehmensimage
	(Straf-)Verfolgung technische, organisatorische & juristische Schutzmaßnahmen	*Investition (insb. in F&E)*
		Marken-/Unternehmenswert
		Skalen-/Verbundvorteile

nannten (negativen) Effekte synoptisch zusammen – sie werden im Nachfolgenden noch kurz erläutert und mit ausgewählten empirischen Erkenntnissen unterlegt. In diesem Zusammenhang ist vorwegschickend ausdrücklich drauf hinzuweisen, dass das Fehlen von empirischen Daten zu einigen der genannten Effekte auf keinen Fall als Indiz für ihre Relevanz im Rahmen der Problematik gewertet werden darf.

3.3 Volkswirtschaftliches Bedrohungspotenzial

Allgemeine Auswirkungen auf Volkswirtschaft, Staat und Gemeinwesen

Von (politischem) Interesse ist dabei in aller Regel die monetäre Abschätzung der durch Produktpiraterie verursachten, volkswirtschaftlichen Gesamtschäden. Die am meisten zitierte und für eigene Abschätzungen genutzte Studie geht auf eine schon 1997 von der *Internationalen Handelskammer* vorgelegte Arbeit zurück (ICC 1997). Demnach erreichte der durch Produktpiraterie verursachte Schaden bereits 1995 eine Höhe von ca. US$ 275 Mrd., was damals etwa 6 % des Welthandelsvolumens entsprach. Obwohl selbst die *Internationale Handelskammer* dabei einräumt, dass ihre Schätzungen keinesfalls auf empirisch robustem Datenmaterial beruhen und daher eher als Indikator der Piraterieaktivität denn als Grundlage einer fundierten Schadensabschätzung zu verstehen sind, nutzt dennoch ein Teil der Literatur diese Daten genau für letzteren Zweck. Neben der häufig recht einfachen (Wieder-)Verwendung dieser Daten im Sinne einer einfachen Hochrechnung/Interpolation, auf deren Grundlage die jährlichen Schäden heute je nach Quelle auf mehr als 600 Mrd. EUR geschätzt werden, gibt vor allem die in diesem Zusammenhang teilweise missbräuchliche Verwendung Anlass zur Kritik. Denn obwohl die *Internationale Handelskammer* das Welthandelsvolumen lediglich (aber ausdrücklich) als *Vergleichsmaßstab* heranführte, so interpretieren einige Quellen die Angaben als *Anteil* der Piraterieprodukte am Welthandel.

Hinsichtlich der negativen Effekte auf die Beschäftigung existieren weniger Schätzungen. Für Deutschland wird beispielsweise ein dauerhafter Verlust von etwa 70.000 Arbeitsplätzen angeführt (Möller 2007) – andere Quellen beziffern die Verluste auf bis zu 300.000 Stellen europaweit und bis zu 2,5 Mio. Stellen für die G20-Staaten (Frontier Economics 2009).

Als weitere, die soziale Wohlfahrt negativ beeinflussende Effekte sind die Schäden für den Staat bzw. das Gemeinwesen anzuführen. Diese resultieren zum einen aus entgangenen Steuer- und Zolleinnahmen als Folge verringerter, steuerpflichtiger Umsätze der betroffenen Unternehmen sowie der ins Land geschmuggelten Produkte. Zum anderen entstehen sie durch die im Zusammenhang mit den kriminellen Aktivitäten auftretende Korruption sowie durch die entsprechenden, von den Regierungen verantworteten Bekämpfungsmaßnahmen. Die dabei entstehenden Gesamtkosten werden für die G20-Staaten auf jährlich mehr als 100 Mrd. EUR beziffert (Frontier Economics 2009). Davon würden 62 Mrd. EUR auf die angesprochenen Steuerverluste entfallen, weitere 20 Mrd. EUR auf kriminelle Aktivitäten und schließlich sogar 14,5 Mrd. EUR auf Todesfälle, die auf den Konsum gefälschter Produkte zurückzuführen sind.

Neben der quantitativen Bewertung seines konkreten Ausmaßes steht in vielen Studien zur Verdeutlichung des volkswirtschaftlichen Bedrohungspotenzials der Produktpiraterie häufig alleine die qualitative Erfassung seines Umfangs im Vordergrund. Letzteres lässt sich insbesondere anhand der empirischen Daten zu den betroffenen Industrien bzw. Branchen, Produkten und Leistungen sowie den Herkunftsländern der Piraterieprodukte verdeutlichen:

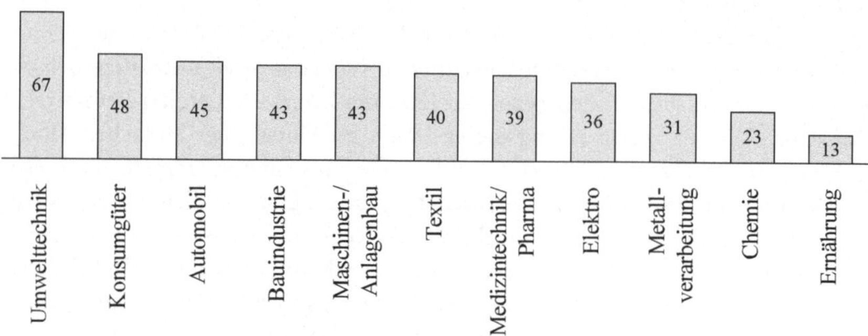

Abb. 3.2 Betroffenheit der deutschen Industrie nach Branchen (aus APM 2007)

Betroffene Industrien und Branchen

In diesem Zusammenhang ist zunächst klarzustellen, dass das Phänomen Produktpiraterie entgegen der landläufigen Meinung sowohl heute als auch in der Vergangenheit kein exklusives Problem der Hersteller vermeintlich einfacher Konsumgüter ist – diese gelegentlich geäußerte Behauptung ist weder empirisch noch historisch haltbar. Tatsächlich scheint die Industriegüter-Branche sogar in einem stärkeren Fokus der Produktpiraten zu stehen und in dieser Hinsicht auch von einer viel höheren Dynamik geprägt zu sein als die Konsumgüter-Industrie. Beides lässt sich heute empirisch besonders gut am Beispiel der deutschen Industrie belegen (Vgl. Abb. 3.2):

Zu einem ähnlichen Ergebnis, wenn auch spezifisch für den deutschen Maschinen- und Anlagenbau, kommt auch der *Verband Deutscher Maschinen- und Anlagenbau* (VDMA) mit seiner seit 2006 dazu regelmäßig durchgeführten Erhebung (VDMA 2010). Ihm zufolge sind heute sogar fast zwei Drittel seiner Mitgliedsunternehmen von Produktpiraterie direkt betroffen. Im gleichen Zusammenhang stellt er mit Blick auf die betroffenen Produkte und Leistungen zum wiederholten Male fest, dass eben nicht nur vermeintlich einfache Ersatzteile, sondern auch komplexere Maschinen und Komponenten im Fokus der Aktivitäten der Produktpiraten stehen (vgl. Abb. 3.3): Mit jeweils 45 % bzw. 58 % stehen sie klar für einen Großteil der (entdeckten) Pirateriefälle. Dieses Bild lässt sich in ähnlicher Weise nicht nur für die früheren Erhebungsjahre feststellen, sondern wird auch durch eine Studie der Europäischen Union 2007 bestätigt (Rodwell et al. 2007). Bemerkenswert ist an

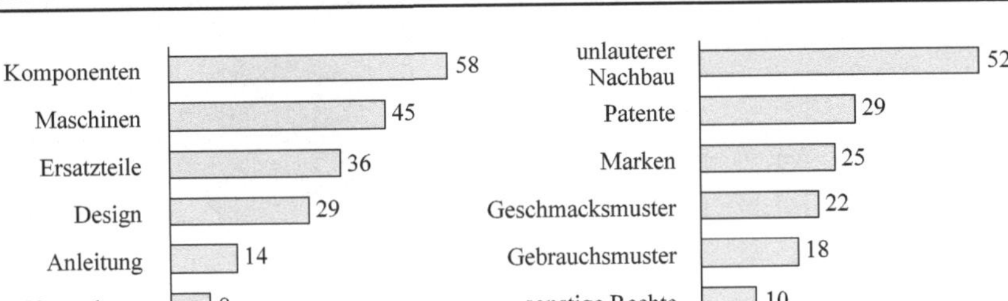

Abb. 3.3 Betroffenheit im deutschen Maschinen-/Anlagenbau nach Produkttyp und verletztem Schutzrecht (nach VDMA 2010)

letzterer Studie, dass anscheinend auch zunehmend kundenspezifische Maschinen sowie (Teil-)Prozesse durch Produktpiraterie bedroht sind. Eine weitere Studie bemerkt ergänzend, dass in 35 % der Fälle die Funktionsweise eines Produktes Gegenstand der Produktpiraterie war und in immerhin noch 15 % der Fälle das Verfahren bzw. der Produktionsprozess (Voigt et al. 2008). Unabhängig von ihrem konkreten Ausmaß unterstreichen diese Zahlen ganz klar, dass die verbreitete Annahme, „komplexe" Produkte würden vor Produktpiraterie schützen, zumindest empirisch nicht evident ist. Im Gegenteil, sie sind sogar vielmehr als Beleg für die wachsende Kompetenz der Produktpiraten zu werten.

Keinesfalls um den Tatbestand der Produktpiraterie zu relativieren, aber dennoch um die oben vorgestellten Befunde besser in ihren rechtlichen Kontext einordnen zu können, ist es an dieser Stelle notwendig darauf hinzuweisen, dass in mehr als der Hälfte der Fälle gar kein Recht an einem geistigen Eigentum verletzt wurde (vgl. wieder Abb. 3.3). Aus einer juristischen Perspektive handelt es sich in der Mehrzahl dieser Fälle um sogenannte „unlautere" Nachbauten, gegen die, wenn überhaupt, höchstens ein i. d. R. nur schwierig durchzusetzender Anspruch aus dem Wettbewerbsrecht abgeleitet werden kann, wie Abschn. 4 noch zeigen wird. Unabhängig von der Tatsache, dass die Ursache dafür sowohl in der fehlenden Schutzfähigkeit des Pirateriegegenstandes als auch in dem bloßen Unterlassen einer Anmeldung eines geeigneten Schutzrechts durch das betroffene Unternehmen zu finden sein kann, so unterstreicht dieser Befund auf jeden Fall die hohe Bedeutung nicht-juristischer Schutzinstrumente gegen Produktpiraterie.

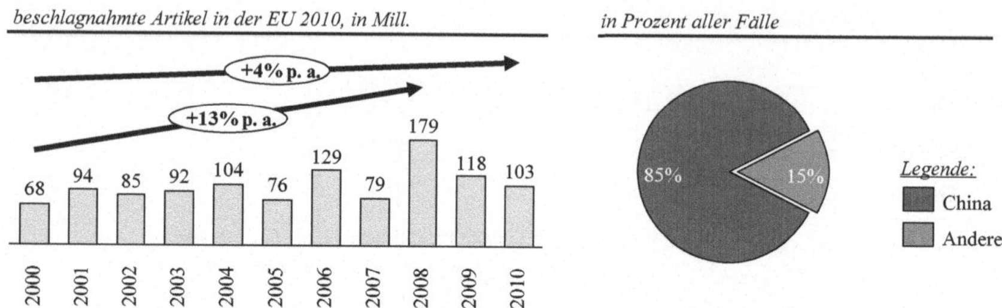

Abb. 3.4 Herkunftsländer und Entwicklung der Beschlagnahmungen gemäß der Zoll-Statistik (nach EC 2011)

Herkunft der Piraterieprodukte und Globalisierung der Produktpiraterie

Neben den betroffenen Produkten sowie den verletzten Schutzrechten ist für eine individuelle Risikoeinschätzung auch die Frage nach den Herkunftsländern der Piraterieprodukte von Relevanz. In diesem Zusammenhang wird häufig auf die Daten der Zollbehörden zurückgegriffen. Auch wenn derartige Daten oft zur Verdeutlichung einer wachsenden Bedrohung durch Produktpiraterie herangeführt werden, so ist vorausschickend anzumerken, dass sie aufgrund der zu erwartenden hohen Dunkelziffer und unsystematischen Datenerhebung für diesen Zweck eigentlich denkbar ungeeignet sind (Olsen 2005). So werden die Behörden u.a in nur ca. 20 % der Fälle eigenständig („ex-officio") aktiv. Daher sind die erfassten Daten nicht nur sehr stark von der Fahndungsintensität und -erfolg der Behörden abhängig, sondern vor allem auch von den Aktivitäten der betroffenen Unternehmen diesbezüglich. Letzteres führt u. a. dazu, dass die Pirateriebedrohung auf Grundlage dieser Daten unterschiedlich dramatisch dargestellt werden kann – je nach zugrunde gelegtem (vgl. Abb. 3.4).

Vor diesem Hintergrund sollte dennoch bei der Einschätzung des länderspezifischen Piraterierisikos unbedingt auch auf die, bezüglich ihrer Datenbasis zwar weniger umfangreichen, dafür aber auf spezifischen Primärdaten basierenden Erhebungen unter den betroffenen Unternehmen zurückgegriffen werden. Sie sind für diesen Zweck nicht nur als aussagekräftiger einzuschätzen, sondern räumen auch mit dem weit verbreiteten Irrglauben auf, dass die globalen Pirateriekaktivitäten vor allem auf asiatische und speziell auf chinesische Unternehmen zurückzuführen sind. So stellt beispielsweise eine 2007 von der Wirtschaftsprüfungsgesellschaft *PricewaterhouseCoopers* und der *Martin-Luther-Universität Halle-Wittenberg* weltweit unter mehr als 5.000 Unternehmen durchgeführte Studie fest, dass zwar in 44 % der Pirateriefälle die „Täter" aus China kamen – an zweiter, dritter und vierter Stelle

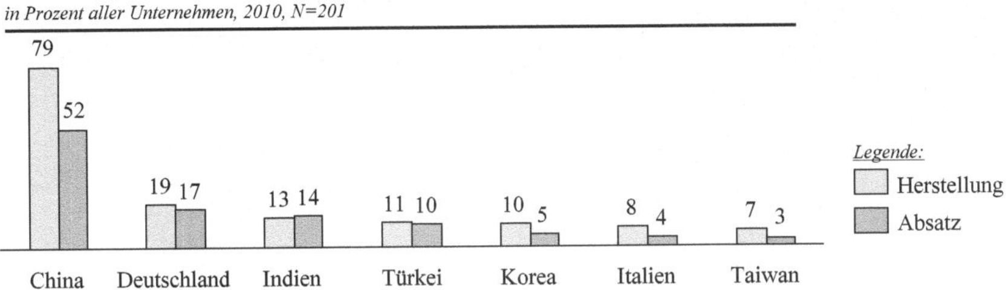

Abb. 3.5 Produktion und Absatz von Plagiaten und Fälschungen am Beispiel des deutschen Maschinen-/Anlagenbaus (nach VDMA 2010)

folgen allerdings schon die Vereinigten Staaten von Amerika (13 %), Westeuropa ohne Deutschland (12 %) und Deutschland (10 %) als Herkunftsländer der Produktpiraten (Nestler et al. 2007). In eine ähnliche Richtung, gehen die Ergebnisse der bereits angeführten Studien des VDMA (vgl. Abb. 3.5).

Letztlich ist in diesem Kontext noch auf die zunehmende Bedeutung der Produktpiraterie als eine die wesentlichen unternehmensstrategischen Entscheidungen beeinflussende Determinante hinzuweisen. Dies ist empirisch speziell für den Zusammenhang ausländischer Direktinvestitionen und der Stärke der Systeme zum Schutz des geistigen Eigentums weitgehend belegt (OECD 2008). Daher wird zur Reduzierung des Piraterierisikos auch häufig empfohlen, den Aufbau entsprechender Wertschöpfungsstrukturen insbesondere vom aktuellen Stand der rechtlichen Rahmenbedingungen zum Schutz geistigen Eigentums abhängig zu machen – z. B. basierend auf den einschlägigen Statistiken der *Internationalen Handelskammer* oder dem sogenannten *BERI*-Index. Der *BERI*-Index (Business Environment Risk Intelligence, *www.beri.com*) ist dabei ein allgemein anerkannter Index zur Bewertung des Länderrisikos im Rahmen von Standortentscheidungen.

Dass sich das Piraterierisiko auf diese Weise allerdings nicht vollständig eliminieren lässt, zeigen die Ergebnisse der schon angesprochenen Studie des DIHK und des APM ebenfalls deutlich (vgl. Abb. 3.6): Demnach sind zwar Unternehmen, die sich vor Ort engagieren, deutlich stärker von Produktpiraterie betroffen (~ 46 %) als diejenigen Unternehmen ohne entsprechende Aktivitäten in China (~ 21 %). Es zeigt sich aber auch, dass ein Verzicht auf Vor-Ort-Aktivitäten nicht notwendigerweise einen zuverlässigen Schutz vor Produktpiraterie bietet.

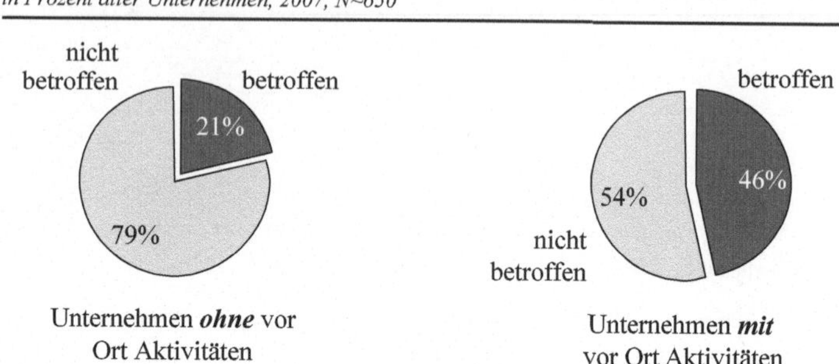

Abb. 3.6 Betroffenheit durch Produktpiraterie nach China Engagement der deutschen Industrie (aus APM 2007)

3.4 Betriebswirtschaftliches Bedrohungspotenzial

Die Analyse und Bewertung der von Produktpiraterie ausgehenden Effekte für die betroffenen Unternehmen nimmt sicherlich einen Schwerpunkt in der öffentlichen Diskussion zur Problematik Produktpiraterie ein. Auch wenn die Existenz der genannten Effekte und ihre (negativen) Folgen für die eigene Wettbewerbsfähigkeit zwar heute weitgehend als anerkannt gelten können, so muss gleichzeitig festgestellt werden, dass ihre Wirkmechanismen und vor allem ihre zeitlich zu differenzierenden Wechselwirkungen noch relativ wenig empirisch untersucht sind (Staake und Fleisch 2008). Tatsächlich scheint es sogar gängige Praxis in der sich mit möglichen Strategien gegen Produktpiraterie auseinandersetzenden Literatur zu sein, diese Effekte ausschließlich isoliert und ohne eine Einordnung in ihren Gesamtzusammenhang zu analysieren bzw. zu bewerten. Modellorientierte Ansätze, die versuchen letztere aus einer ganzheitlichen und systemorientierten Perspektive zu analysieren, sind bis heute quasi nicht existent. Eine Ausnahme bildet in diesem Zusammenhang bspw. (Kleine 2013).

Vorwegschickend muss an dieser Stelle zunächst grundsätzlich festgestellt werden, dass sich die Schäden für ein betroffenes Unternehmen durch jegliche Form der Produktpiraterie *faktisch* grundsätzlich erst durch ihre *mittelbaren* und *unmittelbaren* Auswirkungen auf den *Cashflow* materialisieren. Erst dieser tangiert die langfristige Existenzsicherung als Fundamentalziel eines Unternehmens. Letztere umfasst neben der Erzielung eines ökonomischen Gewinns insbesondere auch die Gewährleistung einer im Zeitverlauf kontinuierlichen Finanzierung der dafür notwendigen Geschäftstätigkeiten. Dementsprechend gliedert sich die folgende Darstellung der (negativen) Effekte nach solchen, die den Mittelzufluss (1) verringern, und solchen, die den Mittelabfluss (2) erhöhen:

Mittelzufluss verringernde Effekte

In diesem Zusammenhang ist zunächst die aus dem faktischen *Markteintritt* des Produktpiraten resultierende Verschärfung des Wettbewerbs als wesentlicher, den Mittelzufluss verringernder Effekt zu nennen. Erst dieser löst eine ganze Reihe von kurz- und langfristigen Effekten aus, die sich negativ auf die zukünftige Finanzierungsfähigkeit der gewöhnlichen Geschäftstätigkeit bzw. auf den Umfang der Letzteren auswirken können. Der durch den faktischen Markteintritt des Produktpiraten ausgelöste Verdrängungswettbewerb muss kurzfristig Auswirkungen auf den aktuellen *Absatz* der etablierten Wettbewerber haben und, je nach Nachhaltigkeit dieser Absatzveränderungen, langfristig ihre Marktanteile beeinflussen – und zwar sowohl bezogen auf den aktuellen Produktabsatz als auch auf die installierte Basis an Produkten. Bezüglich der zu erwartenden *Umsatzverluste* ist zu berücksichtigen, dass sich diese nicht nur aus dem Absatzverlust des Hauptprodukts (*Primärgeschäft*) ergeben, sondern auch von Auswirkungen auf das zusätzliche Geschäft mit komplementären Produkten und Dienstleistungen auszugehen (*Sekundärgeschäft*). Letztere können dabei sowohl unmittelbar als auch nur mittelbar mit dem Primärabsatz verbunden sein (z. B. im Rahmen von Pre-Sales- und After-Sales-Dienstleistungen).

Von entscheidender Bedeutung für die Dynamik der langfristig zu erwartenden Auswirkungen sind allerdings die durch den Pirateriewettbewerb ausgelösten (negativen) Effekte auf die zukünftigen Mittelzuflüsse – gerade dann wenn sie einen sich selbst verstärkenden Ursache-Wirkungszusammenhang bilden (so genannte *Zweitrundeneffekte*). In diesem Kontext sind zum einen die langfristigen und *unmittelbaren* Effekte auf das Preisniveau, das Unternehmens-/Markenimage sowie der „Verlust" wissensbasierter Alleinstellungsmerkmale anzuführen – jeweils als direkte Folge des Pirateriewettbewerbs und der in diesem Zusammenhang getäuschten (und damit enttäuschten) Kunden sowie unautorisierten Nutzung fremden Know-hows. Und zum anderen weiterhin die langfristigen, aber in diesem Zusammenhang nur *mittelbaren* Effekte auf den Umfang sämtlicher, für den Erhalt der Wettbewerbsfähigkeit des Unternehmens relevanten Aktivitäten – als Folge der sich durch die zuvor genannten Effekte vermindernden Innen-Finanzierungsfähigkeit der gewöhnlichen Geschäftstätigkeit. Als Beispiele können hier vor allem solche genannt werden, die für das Unternehmen mit hohen Vorab-Investitionen/-

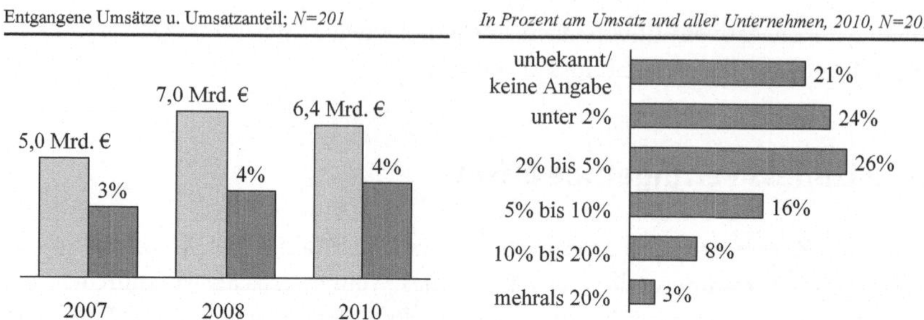

Abb. 3.7 Umsatzeinbußen durch Produktpiraterie im deutschen Maschinen-/Anlagenbau (aus VDMA 2010)

Aufwendungen verbunden sind, wie FuE-Aktivitäten oder der Aufbau/die Erweiterung/die Modernisierung bestehender und neuer Wertschöpfungsstrukturen.

Zusammenfassend ist bezüglich der zu erwartenden Effekte auf die Mittelzuflüsse festzuhalten, dass diese letztlich ein komplexes Aggregat mit dynamischen Preisen bewerteter Absatzverluste und als Ergebnis einer spezifischen Pirateriesituation aufzufassen sind. Die in der Praxis beobachteten Umsatzverluste können dabei von erheblichem Ausmaß sein. Zwar gelten auch hier die gleichen Vorbehalte bezüglich der Aussagekraft des dieses Datenmaterials, es unterstreicht aber in jeden Fall das hohe Bedrohungspotenzial. So wurde beispielsweise der deutschen Unternehmen jährlich durch Patentverletzungen entstehende Schaden auf mindestens 20–25 Mrd. EUR geschätzt (A.T. Kearney 2005) – aktuelleres Datenmaterial der bereits erwähnten Studien des VDMA veranschlagt die durch Produktpiraterie (jeglicher Form) entgangenen Umsätze alleine für den deutschen Maschinenbau auf aktuell 6,4 Mrd. EUR, was etwa 4,0 % des Gesamtumsatzes der Branche von 2010 entspricht (vgl. Abb. 3.7): Etwa ein Viertel der Unternehmen schätzt die entsprechenden Verluste sogar auf 5 % und mehr des Umsatzes. In einer anderen, für die gesamte deutsche Wirtschaft repräsentativen Umfrage, wird ein durchschnittlicher finanzieller Schaden von 5,25 Mio. EUR je Unternehmen berichtet – in Einzelfällen sogar 50–100 Mio. EUR (Nestler et al. 2009).

Mittelabfluss erhöhende Effekte

Daneben wird Produktpiraterie mit einer ganzen Reihe von Auswirkungen in Verbindung gebracht, die sich negativ auf die Kostensituation/-position des betroffenen Unternehmens auswirken können und damit einen den Mittelabfluss erhöhenden Effekt haben. In diesem Zusammenhang sollte jedoch zunächst auf den fundamentalen Unterschied zwischen den oben genannten Effekten hingewiesen werden – vor allem weil diese Unterscheidung in der einschlägigen Literatur i. d. R. unterbleibt. Denn während die oben genannten Effekte, allen voran die erwähnten Umsatzverluste, in einer Bruttobetrachtung meist wesentlich höher ausfallen als die den Mittelabfluss erhöhenden Effekte, so handelt es sich dabei gleichzeitig vom Charakter her weitgehend um *nicht-auszahlungswirksame* Positionen. Sie „entstehen" erst durch einen Alternativen-Vergleich als *Opportunitätskosten*, hier also durch einen Vergleich einer Situation mit Piraterie und einer solchen ohne (Olsen 2005).

Dagegen handelt es sich bei den im Folgenden vorzustellenden Effekten meist um „echte", d. h. *auszahlungswirksame* Mehrkosten bzw. zusätzliche oder vorbeugende Investitionen, die auch dann anfallen, wenn sich eine vermutete Bedrohung durch Produktpiraterie nicht oder anders als angenommen materialisiert. Darunter fallen also zum einen die direkten Aufwendungen und Investitionen, die mit der Umsetzung konkreter technischer wie organisatorischer *Piraterieschutzmaßnahmen* im Zusammenhang stehen. Den Studien des VDMA zur Folge investiert alleine der deutsche Maschinen- und Anlagenbau pro Jahr etwa 2 Mrd. EUR in konkrete Produktschutzmaßnahmen – das *Fraunhofer Institut für System- und Innovationsforschung ISI* ermittelte 2004, dass deutsche Unternehmen insgesamt sogar 154 Mrd. EUR in den Schutz ihres geistigen Eigentums investierten (Neuner und Mentgen 2009). Amerikanische Unternehmen wenden einer anderen Studie zufolge durchschnittlich zwischen 2 bis 4 Mio $ pro Jahr im Rahmen der Pirateriebekämpfung auf, in Einzelfällen sogar bis zu 10 Mio $ (Bertrand 1998). Hinzu kommen noch die *indirekten, administrativen Kosten* innerhalb des Unternehmens, wie sie beispielsweise im Rahmen der Planung einer Strategie gegen Produktpiraterie anfallen. Derartige, auch als „Managementkosten" bezeichnete Aufwände, werden beispielsweise auf durchschnittlich 154.000 EUR pro Jahr geschätzt (Nestler et al. 2007, 2009).

Zum anderen können den betroffenen Unternehmen zusätzliche Kosten im Rahmen ihrer Gewährleistungsverpflichtungen und allgemeinen Produkt- und Unternehmenshaftung entstehen – wobei gerade die sich aus Sach bzw. Personenschäden ableitbaren Ansprüche ein erhebliches Risiko darstellen können. Dies ist gerade deswegen problematisch, weil hier die Beweispflicht auf Seiten des Originalherstellers liegt und es daher zunächst irrelevant ist, ob der Kunde tatsächlich getäuscht wurde oder nicht. Unabhängig von der Rechtmäßigkeit des Anspruchs hat der Hersteller auf jeden Fall die Kosten für die Bearbeitung des Falls selbst zu tragen. In diesem Zusammenhang ist außerdem unbedingt darauf hinzuweisen, dass im Rahmen der deutschen Rechtsprechung eine Haftung des Originalherstellers auch auf Grundlage einer unterlassenen Pirateriebekämpfung abgeleitet werden kann (Welser und González 2006). Dies gilt gerade für Hersteller von tendenziell gefährlichen Produkten wie beispielsweise Arzneimittel oder Fahrzeugen. Für diese lassen sich sogar zusätzlich noch spezielle Marktbeobachtungspflichten ableiten (Cremer 1991).

Neben diesen direkten Mehrkosten wird oftmals auch eine nachhaltige Verschlechterung der allgemeinen Kostenposition der betroffenen Unternehmen als mittelbarer Effekt der Produktpiraterie herangeführt. Je nach Ausmaß des durch Produktpiraterie verursachten Absatzrückgangs ist mit unterschiedlich starken Ausstrahlungseffekten bezüglich der eigenen Wertschöpfungsaktivitäten zu rechnen. Diese kann sich dann negativ auf etwaige *Skalen- und Verbundvorteile* in den betroffenen Bereichen auswirken. Empirisches Datenmaterial dazu liegt allerdings nicht vor.

Bei den indirekten Schadenswirkungen werden vor allem die negativen Ausstrahlungseffekte auf das Marken-/Unternehmensimage als langfristig besonders kritisch erachtet – auch wenn sie nicht unmittelbar auszahlungswirksam sind. Und zwar nicht nur wegen der schon erwähnten negativen Auswirkungen auf die Wettbewerbsfähigkeit und damit auf den Produktabsatz, sondern auch weil sie als immaterielle Ressource in vielen Fällen einen wesentlichen Anteil des tatsächlichen Unternehmenswert ausmachen. Derartige Effekte werden in ihrer wirtschaftlichen Bedeutung für das Unternehmen daher teilweise auch weitaus höher eingestuft als die oben geschilderten direkten Auswirkungen (Müller und Kornmeier 2001) – ihre Bewertung gilt jedoch als noch schwieriger (Green und Smith 2002). Die Existenz dieser Effekte ist jedoch allgemein anerkannt, und sie sind besonders dann zu erwarten, wenn ein Großteil der Kunden Piraterieprodukte unwissentlich und mit einer durch diese nicht erfüllbaren Nutzen-Erwartung erwerben.

4 Rechtliche Rahmenbedingungen

Auch wenn die Effektivität juristischer Maßnahmen gegen Produktpiraterie höchst kontrovers diskutiert wird, so ist ein generelles Verständnis der rechtlichen Rahmenbedingungen im Rahmen der Problematik immer noch als Grundvoraussetzung für die Entwicklung einer Strategie gegen Produktpiraterie aufzufassen. Denn grundsätzlich gilt, dass ohne geltendes immaterielles Schutzrecht die Nachahmung einer unternehmerischen Leistung in den meisten Fällen nicht auf rechtlichem Wege untersagt werden kann.

Dementsprechend ist es Ziel des folgenden Abschnittes, einen zusammenfassenden Abriss über die rechtlichen Rahmenbedingungen zu geben. Diese erschöpfen sich im Wesentlichen in einem grundlegenden Verständnis „geistiger Eigentumsrechte" als Gegenstand spezifischer Systeme zu ihrem Schutz (Abschn. 4.1) und der wichtigsten nationalen und internationalen Regelungen in diesem Zusammenhang (Abschn. 4.2) sowie in ihrer Bedeutung und Potenziale als Planungsgegenstand einer Strategie gegen Produktpiraterie (Abschn. 4.4).

4.1 Grundstruktur der Systeme zum Schutz geistigen Eigentums

Zwar ist die Frage, ob auf spezifischen Rechten basierende Systeme zum Schutz intellektuellen Kapitals jemals für den technischen und/oder wirtschaftlichen Fortschritt notwendig oder ausreichend waren heute noch nicht zweifelsfrei geklärt. Gleichwohl scheint ihr positiver Einfluss auf die Geschwindigkeit des technologischen Fortschritts sowie seine Effizienz als Anreizsystem mehr oder weniger unstrittig. Es ist heute weitgehend anerkannt, dass die Ausstattung einer Volkswirtschaft mit intellektuellem Kapital das Fundament ihres Wohlstands bildet. Seine Mehrung, aber auch sein (weitgehender) Schutz, sind daher schon immer von

O. Kleine, *Management industrieller Produktpiraterie*, essentials,
DOI 10.1007/978-3-658-04467-1_4, © Springer Fachmedien Wiesbaden 2014

einem besonderen nationalen Interesse – besonders vor dem Hintergrund der Globalisierung.

Im Zentrum jeglicher Systeme zum Schutz intellektuellen Eigentums stehen geistige Eigentumsrechte. Entgegen der landläufig verbreiteten Meinung ist zunächst jedoch klarzustellen, dass „geistige Eigentumsrechte" nicht mit einem Recht am eigenen geistigen Eigentum gleichzustellen sind. Dieses lässt sich allenfalls sozio-kulturell ableiten. Zwar ist der Begriff des „geistigen Eigentums" wegen seiner Anschaulichkeit international etabliert, er ist aus einer dogmatischen Sicht allerdings zugleich auch irreführend (Pierson et al. 2007).

Da geistiges Eigentum auf Informationen basiert, teilt es sich eigentlich die Eigenschaften eines öffentlichen Gutes: nämlich (1) die *Nicht-Rivalität* im Konsum sowie (2) die *Nicht-Ausschließbarkeit* seiner Nutzung. Daher ist geistiges Eigentum aus einer ökonomischen Perspektive mit positiven externen Effekten verbunden, die ohne weitere institutionelle Regelungen i. d. R. zu einem Marktversagen, beispielsweise in Form einer Trittbrettfahrer-Problematik, führen. Geistige Eigentumsrechte sind in diesem Zusammenhang nur ein spezifisches, marktwirtschaftliches Vehikel zu dessen Überwindung – die heute etablierten Systeme zu seinem Schutz sind letztlich das Ergebnis einer langen, durch wirtschaftspolitische Motive geprägten historischen Entwicklung.

Dementsprechend kann sich der Schutz intellektuellen Kapitals nicht alleine mit der Einführung entsprechender Schutzrechte (IPR) erschlagen. Tatsächlich sind IPR ein sehr komplexes Phänomen. Sie sind in ihren konkreten Erscheinungsformen nicht nur ebenso vielfältig wie das geistige Eigentum, das sie schützen. Gleichzeitig sind sie auch immer in ein ganzes System nationaler und internationaler Regelungen eingebettet, die neben ihrem Schutz auch ihre Durchsetzung gewährleisten sollen (vgl. Abb. 4.1).

Ihre Um- und Durchsetzung ist grundsätzlich eine nationale Angelegenheit. Der rechtliche Rahmen wird daher zunächst nur durch die spezifischen nationalen Sondergesetze zum Schutz geistigen Eigentums gesetzt – ergänzt um entsprechende Regelungen und Mittel zur Durchsetzung etwaiger Ansprüche sowie zur Sanktionierung nachgewiesener Verstöße. Folglich ist der Anwendungsbereich der nationalen Systeme zum Schutz geistigen Eigentums sowohl in persönlicher als auch in räumlicher Hinsicht stets beschränkt – und zwar in erster Linie durch folgende Prinzipien:

- *Inländer-Prinzip:* Viele Rechtsordnungen beschränken den Anwendungsbereich ihrer Sondergesetze ausschließlich zu Gunsten inländischer Akteure.
- *Territorialitäts-Prinzip:* Gleichzeitig wird ihr Anwendungsbereich räumlich nur auf das entsprechende Staatsgebiet beschränkt. Das heißt, die durch die ent-

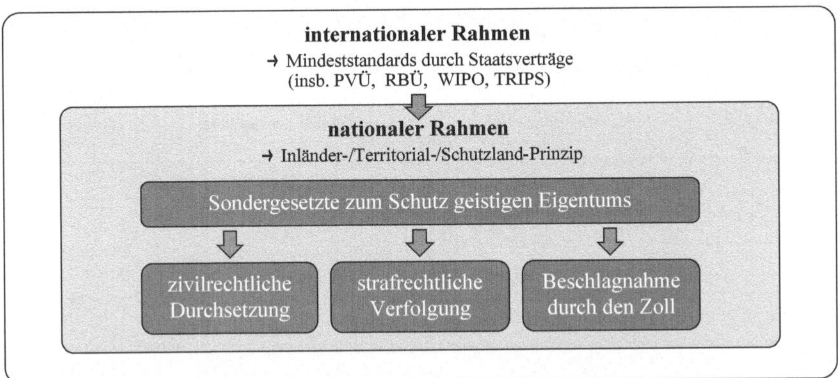

Abb. 4.1 Das System zum Schutz geistigen Eigentums. (modifiziert aus Welser und González 2006)

sprechenden rechtlichen Regelungen zugestandenen Rechte richten sich nur an Personen im Inland und auf inländische Tatbestände.

- *Schutzland-Prinzip:* Weiterhin zwingt das Territorialitäts-Prinzip den Rechteinhaber, sein Recht im internationalen Wirtschaftsverkehr alleine in der jeweiligen Rechtsordnung zu suchen.

Da jedoch ein globaler Schutz geistigen Eigentums nicht nur im nationalen, sondern auch im internationalen Interesse liegt, wurde im Laufe der Zeit eine Vielzahl von Staatsverträgen geschlossen. Ihr Ziel war und ist es, neben einer Aufhebung der genannten Beschränkungen auch eine Harmonisierung der entsprechenden Vorschriften zum Schutz geistigen Eigentums voranzutreiben. Wichtig ist, dass diese bis auf wenige Ausnahmen lediglich Minimalstandards vorgeben, die dann durch die Nationalstaaten so oder gegebenenfalls umfassender um- und durchgesetzt werden. Vor diesem Hintergrund skizzieren die folgenden Ausführungen die wesentlichen nationalen Vorschriften zum Schutze geistigen Eigentums für den deutschen Wirtschaftsraum und ergänzen diese um spezifische Ausführungen zu den wichtigsten internationalen Abkommen.

4.2 Der nationale Rahmen zum Schutz geistigen Eigentums

Im deutschen Rechtsraum wird der Schutz geistigen Eigentums durch ein System aus sich ergänzenden gesetzlichen Vorschriften unterschiedlichster Rechtsbereiche gewährleistet (vgl. Abb. 4.2): Einschlägig sind zum einen die Sondervorschriften

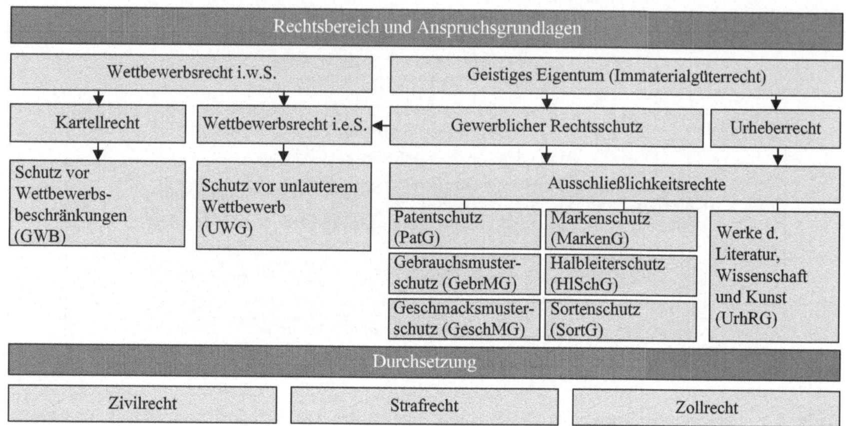

Abb. 4.2 Das System zum Schutz geistigen Eigentums im deutschen Rechtsraum. (modifiziert aus Pierson et al. 2007)

zum Schutz geistigen Eigentums (Immaterialgüterrecht). Nur diese gewähren ein subjektiv absolutes, d. h. gegen jedermann wirksames Recht, das das geistige Eigentum der unbeschränkten Rechtsherrschaft des Inhabers unterstellt. Dies äußert sich primär in der ausschließlichen Befugnis zur wirtschaftlichen Verwertung des geistigen Eigentums (sogenanntes positives Nutzungsrecht) sowie dem Recht, Dritte von einer Einwirkung auszuschließen (sogenanntes negatives Verwertungsrecht). Auf diese Weise stellt das Immaterialgüterrecht das geistige Eigentum grundsätzlich dem im BGB geregelten Eigentum gleich, d. h. der Inhaber kann prinzipiell nach Belieben mit seinem geistigen Eigentum verfahren.

Der durch das Immaterialgüterrecht gebildete Rahmen wird weiterhin in den Bereich des gewerblichen Rechtsschutzes sowie des Urheberrechts unterteilt. Ersteres regelt den Schutz geistigen Eigentums nur im gewerblichen Bereich und umfasst das Patent- und Gebrauchsmusterrecht, das Geschmacksmusterrecht, das Markenrecht sowie die spezifischen Regelungen des Sorten- und Halbleiterschutzrechts. Das Urheberrecht dient darüber hinaus dem Schutz geistigen Eigentums im Bereich der Literatur, Kunst sowie Wissenschaft und erstreckt sich auch auf den privaten Bereich. Tabelle 4.1 stellt die genannten und im Rahmen des Produktschutzes relevanten Immaterialgüterrechte zusammenfassend dar – ergänzt um den jeweiligen Schutzgegenstand, der etwaigen Erfordernis zur Anmeldung des Schutzrechts und Prüfung dieses Vorgangs sowie der Laufzeit des gewährten Rechts.

Ergänzung finden die genannten Immaterialgüterrechte durch die spezifischen Vorschriften des Wettbewerbsrechts und vor allem durch das im *Gesetz gegen den unlauteren Wettbewerb* (UWG) geregelten Lauterkeitsrecht. Gerade Letzteres ist im

Tab. 4.1 Übersicht zu produktbezogenen Immaterialgüterrechten im deutschen Rechtsraum. (zusammenfassend aus Welser und González 2006; Wurzer 2007)

Schutzrechtsart	Schutzgegenstand	Anmeldung/ Prüfung	Maximale Laufzeit	Wesentliche Schutzvoraussetzungen
Patent (*PatG*)	*Technische Erfindung*	*Ja/ja*	*20 Jahre*	*Neuheit, erfinderische Tätigkeit*
Gebrauchsmuster (*GebrMG*)	*Technische Erfindung (keine Verfahren)*	*Ja/nein*	*10 Jahre*	*Neuheit, erfinderischer Schritt, gewerbliche Anwendbarkeit*
Geschmacksmuster (*GeschMG*)	*Gestaltung Design*	*Ja/nein*	*25 Jahre*	*Neuheit, Eigenart, gewerbliche Anwendbarkeit*
Halbleiterschutz (*HlSchG*)	*Halbleiter Topographie*	*Ja/nein*	*10 Jahre*	*Eigenart*
Kennzeichen (*MarkgenG*)	*Marke, geschäftliche Bezeichnung, geo-grafische Herkunft*	*Ja/ja Nein/ja Nein/ja*	*10 Jahre verlängerbar*	*Unterscheidungskraft kein Freihaltebedürfnis*
Urheberrecht (*UrhRG*)	*Werke (Literatur, Kunst, Software, Wissenschaft)*	*Nein/nein*	*Bis 70 Jahre nach dem Tod*	*Persönliche, geistige Schöpfung*

Rahmen der Problematik von besonderer Relevanz, weil anders als vielfach vermutet auch in Deutschland zunächst der Grundsatz der Nachahmungsfreiheit gilt – und das sowohl im privaten wie auch gewerblichen Bereich. Zwar gewährleistet das Immaterialgüterrecht den stärksten Schutz geistigen Eigentums, gleichzeitig ist es jedoch (1) nicht auf sämtliche, aus unternehmerischer Sicht schützenswerte Teile des intellektuellen Kapitals anwendbar, und (2) entfaltet es mit Ausnahme des Urheberrechts seine Schutzwirkung erst durch die behördliche Anmeldung bzw. Geltendmachung der entsprechenden Rechte. In diesen Fällen kann das UWG einen umfassenderen Schutz bieten, da es eigenständige Unternehmensleistungen im Wettbewerb generell schützt. Es gewährt damit zwar im rechtlichen Sinn kein Eigentum am intellektuellen Kapital, schützt dafür aber vor unlauteren Wettbewerbsverhalten, was u. a. eben auch die „Ausbeutung" fremder intellektueller Leistungen beinhaltet.

Da die genannten Vorschriften und Abkommen lediglich einen Rechtsanspruch begründen, ist das System zum Schutz geistigen Eigentums noch um entsprechende (nationale) zivil-, straf- und zollrechtliche Vorschriften zur Durchsetzung eben dieser zu ergänzen. Während zivilrechtliche Maßnahmen in erster Linie der Scha-

Tab. 4.2 Durchsetzung geistiger Eigentumsrechte. (aus Welser und González 2006)

Rechtsbereich	Bemerkungen
Zivilrecht	*Ansprüche: Unterlassung, Schadensersatz, Bereicherungsausgleich, Auskunft, Besichtigung, Urkundenausgabe, Vernichtung* *Durchsetzung: Abmahnung, Einstweilige Verfügung, Dringlicher Arrest, Klage*
Strafrecht	*Tatbestände: Vorsätzliche Schutzrechtsverletzung, Arzneimittelfälschung, Bannbruch, Geheimnisverrat und Betriebsspionage, Vorlagenfreibeuterei, Irreführende Werbung, Betrug* *Strafrechtliche Sanktionen: Einziehung, Verfall, Sichernde Beschlagnahmung, Zurückgewinnungshilfe, Beweismittelsicherung, Durchsuchung*
Zollrecht	*Maßnahmen: Grenzbeschlagnahmung nach der Piraterieverordnung der Europäischen Union oder nationalen Verfahren; Einsatz der Zollbehörden auf Messen*

denkompensation dienen, geht von strafrechtlichen vor allem eine abschreckende Wirkung aus. In diesem Zusammenhang nimmt das Zollrecht eine besondere Stellung ein, da die Behörden hier nicht nur auf Antrag des Rechteinhabers, sondern auch nach eigenem Ermessen („ex officio") tätig werden können. Tabelle 4.2 fasst die jeweils wichtigsten Anspruchsgrundlagen sowie Maßnahmen stichwortartig zusammen.

4.3 Der internationale Rahmen zum Schutz geistigen Eigentums

Wie schon erwähnt ist zwar im Rahmen der Geltendmachung sowie Durchsetzung geistiger Eigentumsrechte zunächst nur die nationale Gesetzgebung maßgeblich, den zum gegenseitigen Schutz geistigen Eigentums geschlossenen multilateralen Staatsverträgen kommt aber im Rahmen ihrer aktuellen Gestaltung und zukünftigen Entwicklung eine besondere Bedeutung zu – sie sind daher auch hier relevant. Zu den wichtigsten Vereinbarungen werden hauptsächlich folgende gezählt (Pierson et al. 2007):

- die Pariser Verbandsübereinkunft (PVÜ)
- die Revidierte Berner Übereinkunft (RBÜ)
- die World Intellectual Property Organization-Konvention (WIPO)
- das Trade Related Aspects of Intellectual Property Rights Übereinkommen (TRIPS)

Obwohl schon 1883 als Verband der Mitgliedsländer ins Leben gerufen, ist die PVÜ zum Schutz des gewerblichen Eigentums auch heute noch von grundlegender Bedeutung. Ziel der PVÜ und sämtlicher ihrer Nebenabkommen ist ausschließlich eine Harmonisierung der Regelungen zum Schutz gewerblichen Eigentums in seiner weitesten Bedeutung und ausdrücklich nicht die Schaffung einer Art transnationalen Immaterialgüterrecht. Dementsprechend gibt die PVÜ nur die Grundsätze zur Gestaltung der nationalen Systeme zum Schutz geistigen Eigentums vor. Die beiden wichtigsten Prinzipien sind in diesem Zusammenhang der Grundsatz der Inländerbehandlung sowie der Unionspriorität. Ersterer sichert sämtlichen Staatsangehörigen der Mitgliedsländer in sämtlichen Ländern eine Behandlung nach dem Inländerprinzip (siehe oben) zu. Die Unionspriorität gewährt jedem Anmelder eines nationalen Schutzrechts ein Vorgriffsrecht, um dieses auch in anderen Unionsländern im Rahmen gewisser Prioritätsfristen ebenfalls anzumelden (Prioritätsrecht). Im besonderen Fokus der PVÜ stehen dabei neben Erfindungspatenten, Gebrauchs- und Geschmacksmuster, Fabrik-, Handels- sowie Dienstleistungsmarken oder Herkunftsangaben auch die Unterdrückung unlauteren Wettbewerbs. Dabei verpflichtet die PVÜ jedes Land zur Einrichtung einer entsprechenden Behörde. Die PVÜ ist bis heute als Dachabkommen um zahlreiche Sonderregelung zu spezifischen Schutzgegenstände ergänzt worden. Als wichtigste sind in diesem Rahmen das *Patent Cooperation Treaty PCT*, das *Haager Musterschutzabkommen* sowie das *Madrider Markenabkommen* zu nennen, in deren Fokus jeweils Erfindungspatente, Geschmacksmuster sowie Marken stehen. Das RBÜ ist ein mit dem PVÜ vergleichbares, 1886 im Bereich des Urheberrechts geschlossenes Abkommen.

Im Zusammenhang mit dem PVÜ und RBÜ ist die WIPO als Einrichtung von übergreifender Bedeutung zu nennen. Sie wurde 1967 als eine Sonderorganisation der Vereinten Nationen gegründet. Ihr Zweck ist es, einerseits den Schutz geistigen Eigentums durch eine weltweite Zusammenarbeit zwischen den Staaten weiter zu fördern und anderseits die Einhaltung der aus den bestehenden Abkommen abgeleiteten Aufgaben zu gewährleisten. In diesem Rahmen erfüllt sie vor allem die Verwaltungsaufgaben der zuvor genannten Abkommen, z. B. indem sie die dafür notwendigen Einrichtungen für einen internationalen Schutz geistigen Eigentums unterhält oder das Zustandekommen weiterer internationaler Vereinbarungen unterstützt.

Neben diesen ist das TRIPS ein weiteres, multilaterales Abkommen von herausragender Bedeutung. Es wurde 1994 als Bestandteil des Übereinkommens zur Gründung der *Welthandelsorganisation WTO* geschlossen und verschreibt sich in ähnlicher Weise wie das PVÜ und den daraus abgeleiteten Abkommen dem internationalen Schutz geistigen Eigentums. Es setzt dabei zwar auf den gleichen Grundsätzen auf und regelt den Schutz der gleichen Schutzobjekte in ähnlicher

Weise. Gleichzeitig ist es aber explizit nicht nur auf die Festlegung gewisser Mindeststandards festgelegt, sondern enthält grundsätzliche und verbindliche Regelungen zur Durchsetzung geistiger Eigentumsrechte. Dabei versteht die WTO den Schutz geistigen Eigentums grundsätzlich nicht als Hindernis, sondern als notwendige Bedingung für einen freien Welthandel. Da ein Beitritt zur WTO zwingend mit einer Übernahme des TRIPS Abkommens verbunden ist, ist es heute im Rahmen des internationalen Schutzes geistiger Eigentumsrechte von besonderer Relevanz – vor allem wenn es um den juristischen Schutz vor Produktpiraterie geht. Heute sind 153 Länder Mitglied der WTO. Eine aktualisierte Liste findet sich unter *www.wto.org*.

4.4 Implikationen für strategisches Pirateriemanagement

Das intellektuelle Kapital eines Unternehmens steht wie schon erwähnt für einen wesentlichen Teil seines Vermögens. Es liegt dementsprechend im eigenen Interesse eines Unternehmens, sein intellektuelles Kapital geeignet zu schützen und, soweit es einen Wettbewerbsvorteil begründet, dieses weiter auszubauen. Daher ist an dieser Stelle auch vorab unbedingt auf die allgemeine wettbewerbsstrategische Bedeutung geistiger Eigentumsrechte hinzuweisen – unabhängig von ihrem spezifischen Anwendungspotenzial im Rahmen einer Strategie gegen Produktpiraterie: Sie ermöglichen nicht nur die Refinanzierung der Innovationsaktivitäten, sondern sind darüber hinaus auch von wesentlicher Bedeutung für den Aufbau von komparativen Wettbewerbsvorteilen gegenüber regulären Wettbewerbern, dienen als Tauschmittel/Handelsware, beispielsweise um einen Zugang zu anderen Technologien zu erhalten, bieten zusätzliche Einnahmemöglichkeiten im Rahmen einer Technologie-Kommerzialisierung und dienen nicht zuletzt als wichtiges Marketing- und Imageinstrument für (innovative) Unternehmen.

Unter diesen Voraussetzungen skizzieren die folgenden Ausführungen zunächst knapp die Anwendungspotenziale von IPR als spezifische Schutzmaßnahme sowie die Grenzen, die sich aus den rechtlichen Rahmenbedingungen für die Planung einer Schutzstrategie ergeben:

Betriebliche Anwendungspotenziale geistiger Eigentumsrechte

Vorweg schicken ist zunächst festzustellen, dass auch wenn die Durchsetzung von Rechten an geistigem Eigentum mitunter sehr schwierig ist und sie keinesfalls eine faktische Unterbindung gewährleisten, deren Bedeutung als rechtlich verbindliche Anspruchsgrundlage weiterhin kontinuierlich steigt – selbst in den in diesem Zu-

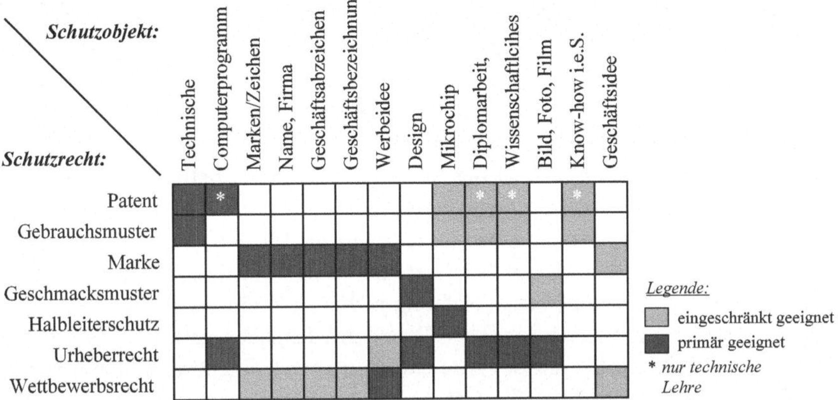

Abb. 4.3 Passfähigkeit von Schutzrechten und Schutzobjekten. (modifiziert nach Wurzer 2007)

sammenhang oft kritisierten Ländern wie China (Schüller 2008). Auch dort wird von Experten in vielen Fällen eine Anmeldung geistiger Eigentumsrechte empfohlen. Gerade im Rahmen der vorliegenden Problematik liegt die wichtige Bedeutung von Schutzrechten als möglicher Bestandteil einer Strategie gegen Produktpiraterie weniger in ihrer Fähigkeit, einen faktischen Schutz zu bieten als vielmehr in ihrer abschreckenden Wirkung sowie Funktion als Anspruchsgrundlage begründet. Die ständige Prüfung auf mit geistigen Eigentumsrechten schützbare Teile des intellektuellen Kapitals innerhalb der gesamten Wertschöpfungskette wird damit zu einer wichtigen Aufgabe im Rahmen der Bekämpfung von Produktpiraterie – vor allem vor dem Hintergrund der Tatsache, dass immer komplexere und hochwertigere Produkte ins Visier der Produktpiraten gelangen. In diesem Zusammenhang liefert (Wurzer 2007) eine Einschätzung, inwiefern sich die gewerblichen Schutzrechte auch auf andere als die in Tab. 4.1 genannten Schutzobjekte ausdehnen lassen (vgl. Abb. 4.3).

Grenzen juristischer und nicht-juristischer Schutzmaßnahmen

Vor dem Hintergrund der bisherigen Ausführungen ergeben sich die Grenzen der Anwendungspotenziale juristischer Schutzmaßnahmen im Rahmen einer Strategie gegen Produktpiraterie nicht nur aufgrund *formaler* und *faktischer* Einschränkungen hinsichtlich ihrer effektiven Schutzwirkung, sondern auch aus einer *betriebswirtschaftlichen* Perspektive.

Aus einer *formalen* Perspektive ist zunächst (1) festzustellen, dass die national und international geregelten geistigen Eigentumsrechte zwar einen umfassenden und je nach Reifegrad der entsprechenden Systeme auch effektiven Schutz bieten können. Dieser gilt jedoch nur für einen äußerst kleinen und sehr spezifisch abgegrenzten Teil des intellektuellen Kapitals und anderer schutzwürdiger unternehmerischer Leistungen (vgl. wieder Abb. 17). (2) ist gleichzeitig zu berücksichtigen, dass die Prinzipien und Motive der etablierten Systeme zum Schutz geistigen Eigentums eigentlich diametral den betriebswirtschaftlichen Zielen eines Unternehmens entgegenstehen. Denn es ist gerade das Ziel geistiger Eigentumsrechte, dem Inhaber zwar monopolartige Nutzungsrechte einzuräumen, gleichzeitig aber die Allgemeinheit am technologischen Fortschritt teilhaben zu lassen. In diesem Sinne können gerade die mit der Anmeldung geistiger Eigentumsrechte verbundenen Offenlegungspflichten die Gefahr einer erfolgreichen Leistungsimitation und damit der Produktpiraterie erhöhen und so der ursprünglichen Intention entgegenwirken. Und letztlich umfasst (3) der aus geistigen Schutzrechten resultierende Schutz nur die wirtschaftliche Verwertung des damit geschützten geistigen Eigentums. Es steht daher jedem frei, die Prinzipien der mit IPR geschützten Technologie zu analysieren und daraus zu lernen (Stichworte „Reverse Engineering" und „Inventing Around").

Die faktischen Einschränkungen juristischer Maßnahmen als Mittel zur Begrenzung des Phänomens Produktpiraterie sind alleine schon aufgrund der trotz ihrer hohen Nutzungsintensität nicht zurückgehenden Piraterieaktivitäten offensichtlich. Da ihr „Versagen" in dieser Hinsicht schon vielfach an anderer Stelle thematisiert wurde, soll es hier nicht weiter vertieft werden. Stattdessen soll an dieser Stelle lediglich ergänzend darauf hingewiesen werden, dass juristische Maßnahmen neben diesem *Effektivitäts-* in vielen Fällen auch ein *Effizienzproblem* haben. Denn die Anmeldung und Durchsetzung von geistigen Eigentumsrechten kann mitunter ein sehr kostspieliges und organisatorisch aufwändiges Unterfangen sein – und muss darüber hinaus nicht notwendigerweise zu einem Erfolg führen. Dies ist daher gerade für kleine und mittlere Unternehmen sowohl aufgrund ihrer engen finanziellen Ressourcen aber auch aufgrund spezifischer Kompetenzdefizite in diesem Bereich oftmals kein gangbarer Weg. Zur Verdeutlichung dieses Sachverhalts stellt Abb. 4.4 die Kostenentwicklung einer *einzigen* internationalen Patentanmeldung dar.

Abschließend ist an dieser Stelle noch ausdrücklich darauf hinzuweisen, dass die rechtlichen Rahmenbedingungen nicht nur die Anwendungspotenziale rechtlicher Schutzmaßnahmen begrenzen, sondern dass diese gleichzeitig auch hinsichtlich der anderen, nicht-juristischen Schutzmaßnahmen eine einschränkende Wirkung entfalten. Denn wie bereits erwähnt gilt grundsätzlich das Prinzip der

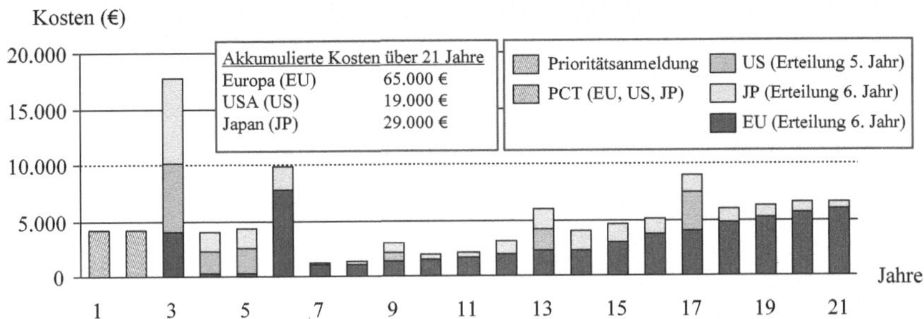

Abb. 4.4 Kostenentwicklung einer internationalen Patentanmeldung. (aus Gassmann und Bader 2007)

Nachahmungsfreiheit. Nicht alles was machbar ist, muss auch wettbewerbsrechtlich erlaubt sein. Dazu bemerkt die Europäische Kommission sehr drastisch (EC 1998):

> Im übrigen darf mit den technischen Schutzvorkehrungen, die dazu dienen, Waren und Dienstleistungen als echt zu kennzeichnen oder sie auf sonstige Art und Weise zu schützen, kein Missbrauch mit dem Ziel der Abschottung von Märkten und der Kontrolle von Paralleleinfuhren getrieben werden. Die Kommission wird keinen Verstoß gegen das Gemeinschaftsrecht und dabei insbesondere gegen die Binnenmarkt- oder die Wettbewerbsregeln hinnehmen, der auf die Verwendung solcher technischer Vorrichtungen zurückzuführen ist.

5 Unternehmerische Handlungsspielräume

Während früher die Ausgestaltung einer Schutzstrategie aufgrund der mangelnden Verfügbarkeit konkreter Maßnahmen noch Schwierigkeiten bereitete, so sollte dies heute nicht mehr für den wesentlichen Planungsengpass stehen. Vor allem im Bereich technischer Maßnahmen ist mittlerweile eine Vielzahl an (erprobten) Konzepten verfügbar, die eine „perfekte" Nachahmung fast unmöglich machen. Aber auch im Bereich organisatorischer Maßnahmen sind heute ausreichend Lösungsansätze beschrieben, die ein vergleichbares Schutzpotenzial bieten können.

Tatsächlich scheint es heute vielmehr, als dass die wesentliche Ursache für den unzureichenden Erfolg der Unternehmen im Kampf gegen Produktpiraterie vor allem in der Komplexität der zugrundeliegenden Planungsaufgabe zu suchen ist. So gilt es nicht nur mit der kombinatorischen Komplexität, die sich alleine aus der Vielzahl der zur Verfügung stehenden Maßnahmen ergibt, umzugehen, sondern eben auch ihre Wirkung und damit auch Passfähigkeit zur jeweils spezifischen Wettbewerbssituation und -strategie des eigenen Unternehmens sicherzustellen. Insbesondere wenn es einen wettbewerbsstrategisch fundierten (und analytischen) Zugang zu dieser Problematik betrifft, so scheint dieser heute in der betrieblichen Praxis immer noch wesentliche wettbewerbliche Zusammenhänge nur isoliert zu betrachten oder diese sogar gänzlich zu ignorieren. Somit könnte zumindest ein Teil des faktischen Misserfolgs der Unternehmen bei der Bekämpfung der Produktpiraterie auch in unangepassten (mentalen) Modellen der Entscheider zum Piratewettbewerb begründet sein – womit sich die wesentliche Ursache des Misserfolgs in den Bereich fehlerhafter Entscheidungen gleich am Anfang des Planungsprozesses verschieben würde, anstatt dass er alleine mit einer schlechten oder unprofessionellen Umsetzung der konkreten Maßnahmen begründet werden könnte.

Um zu mindestens auf konzeptioneller Ebene einen ersten Beitrag zur Lösung dieses Problems zu liefern, wird im Folgenden nicht nur das zur Verfügung stehenden Maßnahmenarsenal aus einer wettbewerbsstrategischen Perspektive systematisiert (Abschn. 5.2) und dessen praktische Relevanz anhand ausgewählter

O. Kleine, *Management industrieller Produktpiraterie,* essentials,
DOI 10.1007/978-3-658-04467-1_5, © Springer Fachmedien Wiesbaden 2014

Abb. 5.1 Struktur des Pirateriewettbewerbs. (aus Kleine 2013)

empirischer Erkenntnisse verdeutlicht (Abschn. 5.3). Zusätzlich wird einführend zunächst auf die wesentlichen, in diesem Zusammenhang zu berücksichtigenden wettbewerblichen Zusammenhänge eingegangen (Abschn. 5.1).

5.1 Produktpiraterie als Wettbewerbsphänomen

Produktpiraterie sollte, wie bereits mehrfach erwähnt, grundsätzlich als Wettbewerbsphänomen aufgefasst werden. Während jedoch die Existenz und Dynamik des Phänomens Produktpiraterie vielfach in der öffentlichen Diskussion als das zwangsläufige Ergebnis einer fundamentalen, pirateriefördernden Änderung der institutionellen Rahmenbedingungen des Wettbewerbs dargestellt wird, so wird im Rahmen dieses Beitrag ausgehend vom gegenwärtigen Kenntnisstand vielmehr eine andere Sichtweise vertreten (vgl. Abb. 5.1):

Dass die institutionellen wie wettbewerblichen Rahmenbedingungen eine wichtige Rolle zur Erklärung des Phänomens spielen, kann zwar grundsätzlich nicht bestritten werden. Dennoch reichen sie nicht aus, um die in der Praxis beobachtbaren und durchaus sehr differenzierten Bedrohungslagen verschiedener Branchen zu erklären – dafür ist eine Auseinandersetzung mit den *entscheidungstreibenden* Motiven der handelnden Akteure notwendig. Die institutionellen Rahmenbedingungen sind demnach hier zunächst nicht mehr als diese Entscheidung beeinflussende oder treibende Faktoren. Produktpiraterie wird hier als das Resultat der individuellen Entscheidungen der unmittelbar am Wettbewerb beteiligten Akteure begriffen – alleine sie werden als Ursache des Phänomens in den Mittelpunkt gestellt. Dementsprechend sollten jegliche strategischen Überlegungen zum Management des Unternehmensrisikos Produktpiraterie ausdrücklich unter Maßgabe dieser Feststellung stattfinden:

Produktpiraten als aktiv handelnde Wettbewerbsakteure

Als aktiv handelnde Akteure sollten Produktpiraten in diesem Sinne grundsätzlich als *Wettbewerber* klassifiziert und die primäre Ursache für die Existenz von Produktpiraterie demnach alleine auf ihre *Entscheidung* zur Aufnahme von Piraterieaktivitäten zurückgeführt werden. Dass sich diese dabei weniger rational verhalten sollten als ein regulärer Wettbewerber, wie teilweise scheinbar unterstellt wird, erscheint wenig plausibel. Auch sie werden einem spezifischen und individuellen Entscheidungskalkül folgen. Letzteres wird i. d. R., wie im Falle eines regulären Wettbewerbs auch, auf eine möglichst nachhaltige Gewinnerzielungsabsicht ausgerichtet sein.

Die verschiedenen Erscheinungsformen der Produktpiraterie sind vor diesem Hintergrund also eher als neue wettbewerbsstrategische *Handlungsalternativen* zu bewerten – in Ergänzung zum regulären Handlungsspielraum. Ihr Einsatz kann dabei zwar grundsätzlich durch die institutionellen/wettbewerblichen Rahmenbedingungen beeinflusst werden. Im Rahmen der konkreten Entscheidung haben sie aber nur eine indirekte Bedeutung. Die konkrete Entscheidung erfolgt stets unter dem Eindruck der aktuellen Wettbewerbsbedingungen sowie der gegebenenfalls schon getroffenen Entscheidungen und kann allgemein als Funktion der Wettbewerbsintensität aufgefasst werden. Letztere ergibt sich dabei grundsätzlich aus dem Zusammenspiel der am Wettbewerb direkt beteiligten Akteure, nämlich Produzenten, Lieferanten sowie Kunden.

Produktpiraten sind also zweckmäßiger als eine besondere Art eines Wettbewerbers aufzufassen, der auch nur in dieser Funktion mit seinen Produkten und Aktivitäten in das Gefüge der Wettbewerbskräfte eingreift. Es ist davon auszugehen, dass die bekannten Wettbewerbsmechanismen in diesem Zusammenhang weiterhin grundsätzlich wirksam sind. Nur ist möglicherweise die Relevanz einiger ausgewählter Determinanten für die konkreten unternehmerischen Entscheidungen eines Produktpiraten anders einzuschätzen als aus Sicht eines regulären Wettbewerbers – wie beispielsweise die der rechtlichen Rahmenbedingungen. Gerade wenn die wesentlichen Markteintrittsbarrieren einer Branche aus den rechtlichen Rahmenbedingungen abgeleitet sind, kann die Wettbewerbsoption Produktpiraterie einen faktischen Markteintritt ermöglichen und so unmittelbar zu einer Wettbewerbsintensivierung führen. Damit sollte vor allem dann gerechnet werden, wenn bestehende Marktpotenziale von regulären Wettbewerbern nicht adressiert werden. Es ist in diesem Zusammenhang weiterhin davon auszugehen, dass Produktpiraten dabei ähnlich strategisch agieren wie reguläre Wettbewerber – sie insbesondere ihre Aktivitäten sowie Strukturen unter dem Eindruck ihres wettbewerblichen Erfolges und der Entwicklung der Rahmenbedingungen kontinuierlich anpassen.

Kunden als Teil des Problems

In diesem Zusammenhang wäre es allerdings ungerechtfertigt anzunehmen, dass die Nachfrage nach Piraterieprodukten alleine auf eine Täuschung des Kunden zurückzuführen ist. Die Dynamik und Persistenz des Problems Produktpiraterie kann nicht nur durch die Angebotsseite erklärt werden, sondern ist heute auf vielen Märkten auch durch die explizite und bewusste Nachfrage nach Piraterieware geprägt. Tatsächlich wird sie heute sogar vielmehr als der entscheidende Treiber betrachtet (Bian und Moutinho 2009). In einer Vielzahl der Pirateriesituationen, mit denen sich die Unternehmen heute konfrontiert sehen, ist davon auszugehen, dass zumindest ein Teil ihrer Kunden offensichtlich illegale Reproduktionen der Originalprodukte bewusst in ihre Kaufentscheidung mit einbeziehen, als dass sie getäuscht werden. Demnach ist notwendigerweise auch grundlegend in eine *täuschende* und eine *nicht-täuschende* Produktpiraterie zu unterscheiden.

Bedrohlich ist in diesem Zusammenhang nicht nur, dass die Kunden in vielen Fällen in der Lage sind, die Herkunft der Produkte richtig zu beurteilen, sondern vor allem ihre zunehmend zu beobachtende Fähigkeit den Mehrwert der Produkte gezielt in seine wesentlichen Komponenten wie Marke, Qualität und Leistung zu zerlegen und damit differenziert zu bewerten. Aus der Kombination der Täuschungsabsicht des Produktpiraten und dem faktischen Täuschungserfolg können sich so sehr differenzierte Bedrohungslagen ergeben. Bei der Formulierung einer effektiven Schutzstrategie sollte daher neben dem wettbewerblichen Verhalten der Produktpiraten auch stets die Berücksichtigung des Kundenverhaltens von zentraler Bedeutung sein.

Piraterieschutz bedingt die Nutzung wettbewerblicher Isolationsmechanismen

Aus einer wettbewerbsstrategischen Perspektive lassen sich die Ziele eines strategischen Pirateriemanagements u. a. aus der allgemeinen, strategischen Zielsetzung der nachhaltigen Maximierung und Verteidigung der Erträge eines ressourcen-/wissensbasierten Wettbewerbsvorteils motivieren. Wenn auch die unautorisierte

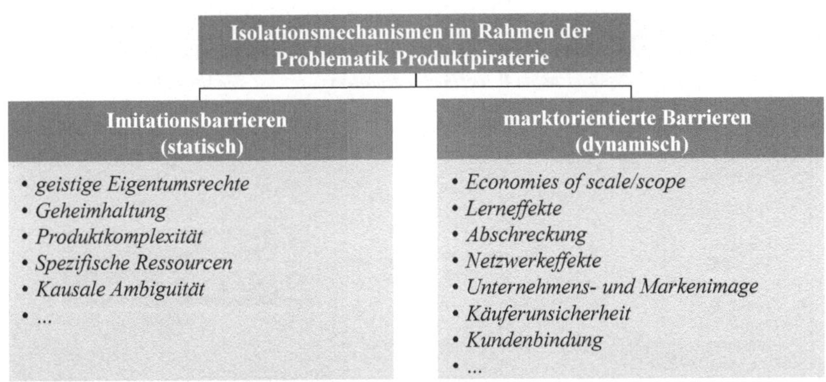

Abb. 5.2 Relevante Isolationsmechanismen im Rahmen der Problematik Produktpiraterie. (mit eigenen Ergänzungen aus Kumar und Ellingson 2007)

Know-how-Nutzung als solche prinzipiell nicht zu verhindern und vor allem nicht rückgängig zu machen ist, so ist es dennoch möglich seine *markt-effektive* Nutzung durch geeignete wettbewerbsstrategische Maßnahmen zumindest zu erschweren. Die spezifischen wettbewerblichen Mechanismen, die zu diesem Zweck (aus)genutzt werden können, bezeichnet man in diesem Kontext auch nach (Rumelt 1984) als *Isolationsmechanismen*. Die Literatur, auch die hier einschlägige zur Produktpiraterie, kennt eine Vielzahl solcher Isolationsmechanismen, von denen die am häufigsten genannten in Abb. 5.2 zusammengefasst sind.

Aus dieser Perspektive ist für die Wirksamkeit einer Strategie gegen Produktpiraterie letztlich alleine maßgeblich, inwiefern die in ihr enthaltenen Maßnahmen in der Lage sind, die spezifischen Isolationsmechanismen *effektiv* zu adressieren. Sie müssen *faktisch* die unautorisierte, wirtschaftliche Verwertung des eigenen intellektuellen Kapitals durch andere Unternehmen verhindern oder zumindest behindern. Die Eigenschaft einer Schutzmaßnahme in diesem Sinne in den Piraterieweftbewerb einzugreifen, kann daher als *notwendige* Bedingung für ihre Wirksamkeit aufgefasst werden.

5.2 Systematisierung des Handlungsspielraums gegen Produktpiraterie

Die Komplexität des mit der Planung einer Strategie gegen Produktpiraterie verbundenen Entscheidungsproblems ergibt sich nicht nur aus den schon oben thematisierten, vielfältigen Ausprägungen der Bedrohungslage, sondern insbesondere auch aus der Breite des zur Verfügung stehenden Handlungsspielraums. Dement-

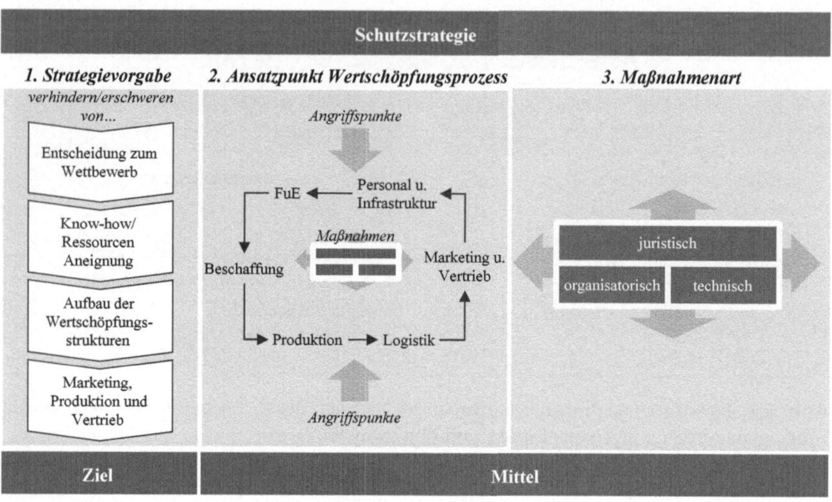

Abb. 5.3 Schema zur Klassifikation der Schutzmaßnahmen. (Kleine 2013)

sprechend ist eine wesentliche Herausforderung bei der Formulierung eines für seine Lösung geeigneten Entscheidungsmodells, das relevante Entscheidungsfeld aufzubauen bzw. dieses zweckmäßig und systematisch vor dem Hintergrund der individuellen Bedrohungslage auf eine handhabbare Größe zu reduzieren. Um seinen Aufbau komplexitätsreduzierend zu unterstützen, erscheint es angezeigt, ein in diesem Sinne *handlungsleitendes* Schema zur Charakterisierung des Handlungsspielraums zu nutzen.

Unter dieser Maßgabe beschreibt der im Rahmen dieses Beitrags verwendete Ansatz Schutzmaßnahmen grundsätzlich als Ziel-Mittel-Relation und anhand folgender drei Merkmale, nämlich 1) ihrem *Strategiebezug*, 2) ihrem *Ansatzpunkt im Wertschöpfungsprozess* sowie 3) ihrem *Maßnahmentyp* (vgl. Abb. 5.3):

1. *Strategiebezug:* Der Bezug zu einem Isolationsmechanismus wurde bereits als notwendige Voraussetzung für eine Schutzmaßnahme definiert. Ohne diesen Aspekt schon hier zu vertiefen, sind während der Strategieformulierung zusätzlich nur solche Maßnahmen auszuwählen, die gleichzeitig auch den aus einer geeigneten Bedrohungsanalyse abgeleiteten strategischen Vorgaben entsprechen. Sämtliche Maßnahmen müssen letztlich darauf ausgerichtet sein, 1) entweder den Markteintritt des Produktpiraten, 2) die Aneignung des Know-hows bzw. der für seine Nutzung notwendigen Ressourcen, 3) den Aufbau der erforderlichen Wertschöpfungsstrukturen oder 4) die Herstellung und Vermarktung der Piraterieprodukte faktisch zu unterbinden (Neemann 2007).

2. ***Ansatzpunkt im Wertschöpfungsprozess***: In Abhängigkeit der von ihm konkret verfolgten Pirateriestrategie muss der Produktpirat das ihm für die Durchführung seiner Aktivitäten fehlende Know-how akquirieren. Insofern er dies über einen Knowhow-Diebstahl erreichen will, muss er in irgendeiner Weise mit der Wertschöpfungskette des fremden Unternehmens bzw. ihren Prozessen interagieren. Für die Effektivität einer Schutzstrategie ist daher nicht nur die Adressierung der richtigen Isolationsmechanismen durch die in ihr enthaltenen Maßnahmen entscheidend. Für eine nachhaltige Eindämmung/Beendigung des Pirateriewettbewerbs müssen sie gleichzeitig ihre Schutzwirkung an der richtigen Stelle der Wertschöpfungsaktivitäten des Unternehmens entfalten sowie den gesamten Lebenszyklus der betroffenen Produkte umfassen. Im besonderen Fokus der von der Literatur vorgeschlagenen Maßnahmen stehen dabei neben den *direkt* an der Wertschöpfung beteiligten Unternehmensbereichen wie der Beschaffung, der Produktion, der Logistik und des Vertriebs auch die diese *unterstützenden* Funktionen wie die FuE, der Dienstleistungsbereich, die Personalwirtschaft sowie die Unternehmensinfrastruktur insgesamt. Die Entwicklung einer Schutzstrategie und dementsprechend die Identifikation geeigneter Maßnahmen bedingt daher immer auch eine kritische Auseinandersetzung mit der Aufbau- und Prozessorganisation des Unternehmens.
3. *Maßnahmentyp:* Die heute als Strategieelement einsetzbaren Maßnahmen lassen sich grundsätzlich nach der Art der für ihre Umsetzung erforderlichen, unternehmerischen Mittel unterscheiden. Auch wenn die Begrifflichkeit in der einschlägigen Literatur teilweise noch recht uneinheitlich ist, so werden dennoch prinzipiell nur drei Maßnahmentypen unterschieden, nämlich *juristische, technische* und *organisatorische* Maßnahmen.

Anders als in der einschlägigen Literatur üblich, soll das hier vorgeschlagene Klassifikationsschema jedoch nicht den Versuch unternehmen, eine einzelne Schutzmaßnahme dem einen oder anderen Bereich eindeutig zuzuordnen. Stattdessen soll es im Sinne einer Morphologie dazu dienen, die Maßnahmen hinsichtlich des mit ihrer Umsetzung verbundenen zeitlichen wie finanziellen Aufwands zu charakterisieren. Auf diese Weise wird anerkannt, dass jede Maßnahme grundsätzlich 1) mit unterschiedlichen strategischen Zielen eingesetzt werden, dabei 2) sämtliche Wertschöpfungsbereiche tangieren und 3) jeweils andere Anforderungen an die für die Umsetzung notwendigen Ressourcen/Kompetenzen stellen kann. Der Entscheider erhält hiermit ein erstes, *qualitatives* Entscheidungskriterium zur Vorauswahl möglicher Schutzmaßnahmen – eine derartige Klassifikation hat also auch einen die Entscheidung unterstützenden Charakter.

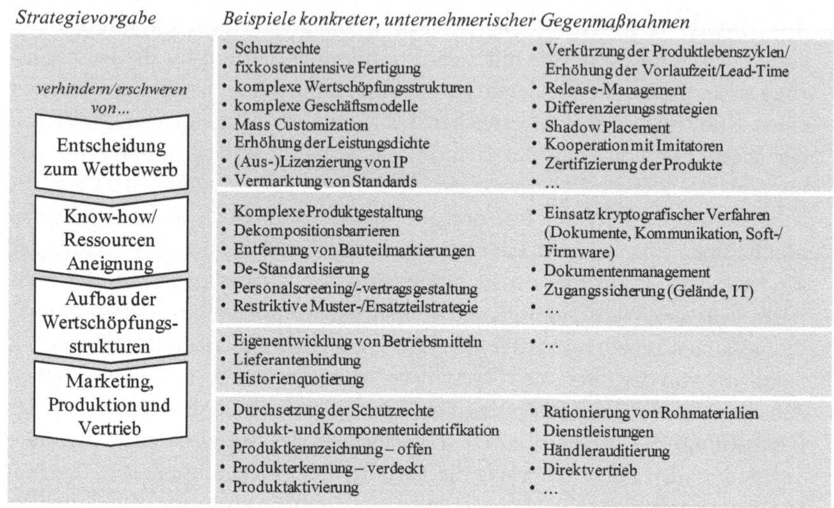

Abb. 5.4 Synopse möglicher Maßnahmen gegen Produktpiraterie. (modifiziert mit eigenen Ergänzungen aus Neemann 2007)

5.3 Schutzmaßnahmen in der Praxis: Empirische Befunde

Eine Auflistung aller verfügbaren Maßnahmen ist an dieser Stelle nicht zielführend. Zum einen, weil an solchen Übersichten kein Mangel besteht. Zum anderen, weil jede ausgewählte Maßnahme als Bestandteil einer spezifischen Schutzstrategie letztlich das Ergebnis eines individuellen Problemlösungsprozesses ist und ihre konkrete Ausgestaltung bzw. Umsetzung daher stets unternehmensspezifisch erfolgt. Stattdessen soll hier alleine die Bandbreite der unternehmerischen Handlungsspielräume sowie ihr Einsatzpotenzial exemplarisch auf Grundlage ausgewählter, empirischer Erkenntnisse diesbezüglich verdeutlicht werden. Unter diesen Voraussetzungen führt Abb. 5.4 einen Teil der in der Literatur genannten Maßnahmen auf und ordnet diese ihrem wesentlichen Einsatzziel als Element einer Strategie gegen Produktpiraterie zu.

Eine der wenigen verfügbaren, breiten-empirischen Untersuchungen zum Einsatzpotenzial des verfügbaren Maßnahmenarsenals wurde von (Gottschalk et al. 2002) (vgl. Abb. 5.5). Demnach setzen zwar heute immer noch 43 % der Industrieunternehmen auf juristische Schutzinstrumente, mit einem Anteil von deutlich mehr als 50 % werden nicht-juristische Schutzinstrumente aber wesentlich öfter genutzt. Besonders deutlich wird die höhere Bedeutung nicht-juristischer Schutz-

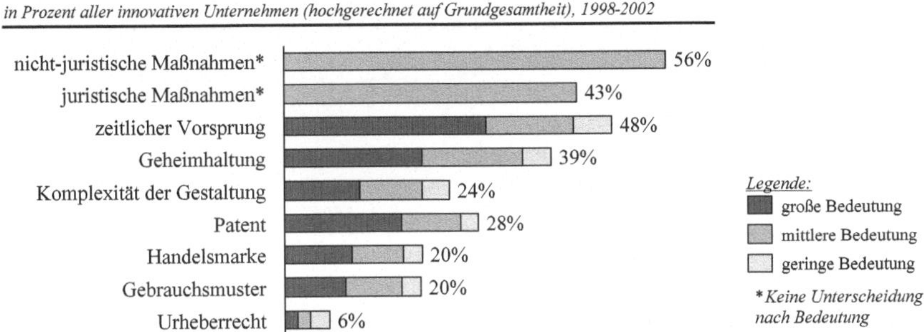

Abb. 5.5 Einsatz und Bedeutung ausgewählter Schutzinstrumente. (aus Gottschalk et al. 2002)

maßnahmen, wenn man die Unternehmen nach deren Relevanz für einen faktischen Schutz vor Produktpiraterie fragt. So schätzen die Unternehmen die Schutzwirkung von Maßnahmen, die den zeitlichen Innovationsvorsprung erhalten bzw. den ungewollten Know-how-Transfer durch Geheimhaltung verhindern, deutlich höher ein als den von juristischen Schutzinstrumenten. Interessant ist, dass die Schutzwirkung konstruktiver Maßnahmen am Produkt, die darauf abzielen, seinen Nachbau zu verhindern, insgesamt zwar geringer als die von Patenten als spezifisches Schutzrecht aber zugleich höher als die von anderen immateriellen Eigentumsrechten eingeschätzt wird.

Diese Ergebnisse werden in ihrem Umfang weitestgehend auch durch die schon vorgestellten, aktuelleren Umfragen des VDMA unterstützt. Letztere zeigen in diesem Zusammenhang zusätzlich deutlich, dass das Einsatzspektrum technischer Schutzmaßnahmen weit über rein konstruktive Änderungen am Produkt hinausgehen (vgl. Abb. 5.6). Ziel dieser Maßnahmen ist eben nicht nur die Verhinderung des Nachbaus. Neben dem Schutz des sich direkt im Produkt materialisierenden Know-hows, wie beispielsweise in Form von in der Software/Firmware implementierte Algorithmen, übernehmen sie heute auch eine *wettbewerbsorientierte* Funktion indem sie darauf abzielen, eine Täuschung des Kunden zu verhindern, beispielsweise durch Produkt-Kennzeichnungstechnologien wie RFID, Hologramme, DNA-Marker oder ähnlichem. So zeigt sich u. a., dass derartige Technologien mit einem Anteil von fast 30 % den größten Teil der eingesetzten technischen Schutzmaßnahmen ausmachen – gefolgt von den schon erwähnten konstruktiven Maßnahmen zur Verhinderung des Nachbaus (25 %) und Technologien zum Schutz von Software/Firmware (19 %).

Aus diesen Ergebnissen allerdings zu schließen, dass manche Maßnahmen generell besser geeignet sind, einen effektiven Schutz vor Produktpiraterie zu bieten

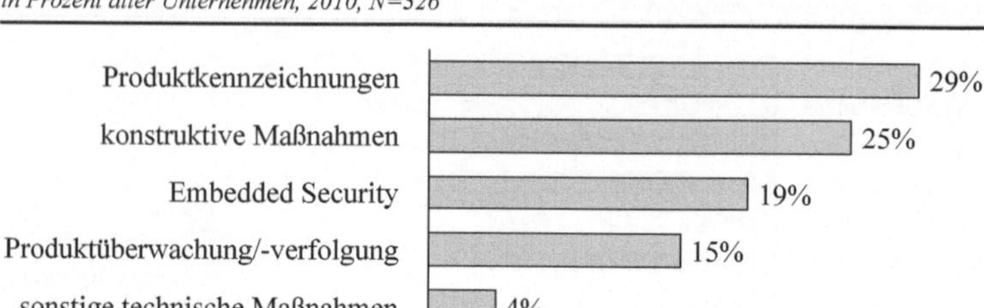

Abb. 5.6 Einsatz technischer Schutzkonzepte im deutschen Maschinen-/Anlagenbau. (aus VDMA 2010)

als andere, wäre jedoch ungerechtfertigt. Tatsächlich liefert die Praxis für jede der aufgeführten Maßnahmen Anwendungsbeispiele, in denen sich von Produktpiraterie betroffene Unternehmen durch den gleichzeitigen Einsatz verschiedenster juristischer, technischer sowie organisatorischer Maßnahmen vermeintlich erfolgreich gegen Produktpiraterie zur Wehr setzen konnten.

6 Zusammenfassung

Der Charakter des Phänomens Produktpiraterie als potenziell existenzbedrohendes Risiko ist heute sowohl aus einer volkswirtschaftlichen wie aus einer betriebswirtschaftlichen Perspektive weitgehend unbestritten – ebenso wie sein faktischer Einfluss auf den industriellen Wettbewerb. Die Vielfalt der konkret zur Verfügung stehenden juristischen, technischen und organisatorischen Schutzmaßnahmen sowie die zahlreichen Beispiele ihrer erfolgreichen Anwendung zeigen deutlich auf, dass ein effektiver Schutz gegen Produktpiraterie heute zumindest prinzipiell möglich ist. Weiterhin ist festzustellen, dass, anders als gelegentlich behauptet, nicht nur die Thematik an sich, sondern insbesondere auch ein Großteil des heute existierenden Maßnahmenportfolios schon mindestens 30~Jahre in der Literatur diskutiert wird und damit faktisch schon ebenso lange zur Verfügung steht. Und trotzdem ist bis heute kein signifikanter Rückgang der Piraterieaktivitäten zu beobachten – tatsächlich scheint das Phänomen im Rahmen der Globalisierung sogar an Bedeutung gewonnen und an Dynamik zugelegt zu haben.

Unter diesen Voraussetzungen erscheint die mangelnde Verfügbarkeit an konkret umsetzbaren Handlungsalternativen weniger ursächlich für den mangelnden Erfolg der Unternehmen im Management dieses Risikos zu sein als vielmehr grundsätzliche Pathologien in den mit der Planung geeigneter Bewältigungsstrategien verbundenen Entscheidungsprozessen. In Anbetracht des aktuellen Forschungsstands scheinen die wesentlichen Planungsengpässe weniger inhaltlich als vielmehr methodisch und instrumentell begründet zu sein. Weder die Verfügbarkeit noch der Reifegrad spezifischer Planungsansätze oder speziell des spezifischen Instrumentariums zur quantitativen Risiko- bzw. Strategiebewertung kann heute als ausreichend bezeichnet werden. Da weiterhin neben der schlechten Strukturierbarkeit der Planungsaufgabe an sich sowie der Komplexität der ihr zugrunde liegenden betriebswirtschaftlichen Problemstellung vor allem auch grundsätzliche kognitive Defizite auf Seiten der strategischen Entscheider zu beobachten sind, erscheint die geeignete, systematische Unterstützung des strategischen Planungspro-

O. Kleine, *Management industrieller Produktpiraterie*, essentials,
DOI 10.1007/978-3-658-04467-1_6, © Springer Fachmedien Wiesbaden 2014

zesses unmittelbar angezeigt – die Entwicklung eines geeigneten Entscheidungsunterstützungsinstrumentariums als eine notwendige Voraussetzung in diesem Zusammenhang.

Unter dieser Maßgabe kann die im Falle des strategischen Managements der Produktpiraterie so dringend benötigte Erhöhung der Entscheidungsqualität nur in mehreren Schritten erfolgen: Es ist zunächst dringend angezeigt, sich intensiver mit den konzeptionellen Problemen, die mit dem strategischen Management der Produktpiraterie als existenzbedrohendes Unternehmensrisiko einhergehen, auseinanderzusetzen. Dies betrifft vor allem eine weitere Verfestigung und Schärfung des Verständnisses der wettbewerblichen Zusammenhänge des Phänomens „Produktpiraterie". Gleichzeitig gilt es aber auch, weiter an der Konkretisierung geeigneter Managementansätze zu arbeiten. Diese müssen schlussendlich einem mit der Planung einer Strategie gegen Produktpiraterie befassten Entscheider einen prozessorientierten Zugang zur Problematik verschaffen. Denn selbst wenn das „Problem" mehr oder weniger als verstanden betrachtet wird, so steht man in der Praxis häufig vor dem Problem, wie denn nun konkret eine Strategie gegen Produktpiraterie geplant und anschließend ausgestaltet bzw. umgesetzt werden kann. Auch hier steht man erst am Anfang der Entwicklung.

Selbst wenn es unmittelbar nachvollziehbar ist, dass die unternehmerische Praxis insbesondere einen akuten Handlungsbedarf bei der Bereitstellung von Lösungen für die Planung und konkrete Ausgestaltung von Schutzstrategien gegen Produktpiraterie sieht, so sollte gerade bei der hier vorliegenden Problematik der zweite Schritt nicht vor dem Ersten getan werden. Denn bekanntlich fängt jede Planung im Kopf der Entscheider an, hängt also von ihren mentalen Modellen zu der vorliegenden Problematik ab. Diese ist heute noch maßgeblich durch eine zu oberflächliche und vereinfachte Darstellung geprägt. Dementsprechend ist es das wesentliche Anliegen dieses Beitrags dieser Entwicklung durch einen einführenden Überblick zu den im Rahmen des Managements industrieller Produktpiraterie relevanten Sachverhalten entgegenzuwirken. Selbst wenn mit den in diesem Beitrag gemachten Ausführungen zu den begrifflichen Grundlagen (Kap. 2), den ökonomischen und betriebswirtschaftlichen Bedrohungspotenzialen (Kap. 3), den rechtlichen Rahmenbedingungen (Kap. 4), den grundsätzlichen wettbewerblichen Zusammenhängen und den sich daraus letztlich für die Unternehmen faktisch ergebenden Handlungsspielräume (Kap. 5) noch lange keine Strategie gegen Produktpiraterie geplant werden kann, so sollte dennoch jeder Leser auf Grundlage dieses Beitrags in die Lage versetzt werden, das Phänomen Produktpiraterie besser zu verstehen oder zumindest aus einer neuen Perspektive zu betrachten. Auch dies wird sich positiv auf die erreichbare Entscheidungsqualität und damit auf dem Bekämpfungserfolg der Produktpiraterie deutscher Unternehmen auswirken. Für einen tieferen Einblick in diese Thematik und insbesondere für einen konkreten Ansatz zur Planung von Strategien gegen Produktpiraterie kann sich für den interessierten Leser ein Blick auf Kleine 2013 lohnen.

Literatur

Amelingmeyer, Jenny. 2004. *Wissensmanagement: Analyse und Gestaltung der Wissensbasis von Unternehmen*. 3. Aufl. Wiesbaden: Deutscher Universitäts-Verlag.

Anand, Bharat, und Alexander, Galetovic. 2004. How market smarts can protect property rights. *Harvard Business Review* 82 (12): 72–79.

APM. 2007. Studie des DIHK und des APM zu Produkt- und Markenpiraterie in China. o. O. Online verfügbar unter. http://www.markenpiraterie-apm.de/files/standard/China%20 Studie.pdf. Zugegriffen: 01. Jan 2009.

Bertrand, Kate. 1998. Holograms fight profit drain of counterfeit, diverted brands. *BrandPacking* (Oct/Nov): 17–22.

Bian, Xuemei, und Luiz Moutinho. 2009. An investigation of determinants of counterfeit purchase consideration. *Journal of Business Research* 62 (3): 368–378.

Burkart, Stefan. 2006. Globalisierung und gewerblicher Rechtsschutz. *Produktpiraterie als Herausforderung im Umgang mit China*. Hamburg: Salzwasser Verlag.

Burr, Wolfgang. 2007. Patentmanagement: strategischer Einsatz und ökonomische Bewertung von technologischen Schutzrechten. Stuttgart: Schäffer-Poeschel.

Bush, Ronald F., Peter H. Bloch, und Scott Dawson. 1989. Remedies for product counterfeiting. *Business Horizons* 32 (1): 59–65.

CEBR. 2002. Counting Counterfeits: Defining a method to collect, analyse and compare data on counterfeiting and piracy in the single market. Final report to the European Commission directorate - general single market. London.

Chaudhry Peggy, Alan S. Zimmerman. 2009. *The economics of counterfeit trade: governments, consumers, pirates, and intellectual property rights*. Heidelberg: Springer.

Cremer, Richard. 1991. Rote Karte für Plagiatoren - Bekämpfung der Produktpiraterie in der Praxis. In *Produktpiraterie*. Hrsg. Marketing Akademie Hamburg, 53–90. Köln: Verlag TÜV Rheinland.

de Castro, Julio O., David B. Balkin, und Dean A. Shepherd. 2008. Can entrepreneurial firms benefit from product piracy? *Journal of Business Venturing* 23 (1): 75–90.

EC. 1998. Grünbuch zur Bekämpfung von Nachahmungen und Produkt- und Dienstleistungspiraterie im Binnenmarkt. o. O. Online verfügbar unter http://ec.europa.eu/internal_market/indprop/docs/piracy/greenpaper_de.pdf. Zugegriffen: 01. Marz. 2009.

EC. 2011. Report on EU customs enforcement of intellectual property rights. Results at the European border 2010. o. O. Online verfügbar unter http://ec.europa.eu/taxation_customs/resources/documents/customs/customs_controls/counterfeit_piracy/statistics/statistics_2010.pdf. Zugegriffen: 01. Dez. 2011.

O. Kleine, *Management industrieller Produktpiraterie*, essentials,
DOI 10.1007/978-3-658-04467-1, © Springer Fachmedien Wiesbaden 2014

Frontier Economics. 2009. The Impact of Counterfeiting on Governments and Consumers. London: Frontier Economics.

Fuchs, Hans Joachim, Hrsg. 2006. Piraten, Fälscher und Kopierer. Strategien und Instrumente zum Schutz geistigen Eigentums in der Volksrepublik China. Wiesbaden: Gabler.

Fussan, Carsten, Hrsg. 2010. Managementmaßnahmen gegen Produktpiraterie und Industriespionage. 1. Aufl. Wiesbaden: Gabler.

Gassmann, Oliver, und Martin A. Bader. 2007. *Patentmanagement: Innovationen erfolgreich nutzen und schützen*. 2. Aufl. Heidelberg: Springer Verlag.

Geiger, Rebecca. 2008. *Piraterierisiken: State-of-the-Art und eine Systematik zur Identifizierung*. Stuttgart: IPRI International Performance Research Institute.

Gillert, Olaf. 2006. Juristische Gesichtspunkte der Produkt- und Konzeptpiraterie. In *Produkt- und Konzeptpiraterie: Erkennen, vorbeugen, abwehren, nutzen, dulden*. Hrsg. Nicolas-Photios Sokianos, 205–222. Wiesbaden: Gabler.

Gottschalk, Sandra, Norbert Janz, Bettina Peters, Christian Rammer, und Tobias Schmidt. 2002. *Innovationsverhalten der deutschen Wirtschaft: Hintergrundbericht zur Innovationserhebung 2001*. Mannheim.

Green, Robert T., und Tasman Smith. 2002. Executive Insights: Countering Brand Counterfeiters. *Journal of International Marketing* 10 (4): 89–106.

Grossman, Gene M., und Carl Shapiro. 1988. Foreign counterfeiting of status goods. *The Quarterly Journal of Economics* 53 (412): 79–100.

Hank, Rainer. 2011. Original oder Fälschung. In: *Frankfurter Allgemeine Zeitung* (8).

Harvey, Michael. 1987. Industrial Product Counterfeiting: Problems and proposed Solutions. *Journal of Business & Industrial Marketing* 2 (4): 5–13.

ICC. 1997. Countering Counterfeiting: A Guide to Protecting and Enforcing Intellectual Property Rights. Hg. v. International Chamber of Commerce ICC Publishing.

Katz, M. L., und C. Shapiro. 2001. Network externalities, competition, and compatibility. *American Economic Review* 91 (3): 424–440.

Kearney, A. T. 2005. Produktpiraterie kostet deutsche Wirtschaft jährlich bis zu 25 Milliarden Euro. o. O. Online verfügbar unter. http://www.atkearney.de/content/misc/wrapper.php/id/49391/name/pdf_atkearney_pm_pipinchina_11163450401240 pdf. Zugegriffen: 15. Juli 2008.

Keupp, Marcus Matthias, Angela Beckenbauer, und Oliver Gassmann. 2009. How managers protect intellectual property rights in China using de facto strategies. *R&D Management* 39 (2): 211–224.

Kleine, Oliver. 2013. Planung von Strategien gegen Produktpiraterie. Ein systemdynamischer Ansatz. Dissertation Technische Universität Braunschweig 2012. Wiesbaden: Springer Fachmedien Wiesbaden GmbH (Produktion und Logistik).

Kumar, S., und J. Ellingson. 2007. Adaptive IP strategies in China: a tactical analysis. *Journal of Intellectual Capital* 8 (1): 139–158.

Liebowitz, Stan J. 2005. Economists' Topsy-Turvy View of Piracy. *Review of Economic Research on Copyright Issues* 2 (1): 5–17.

Maskus, Keith E. 2000. *Intellectual Property Rights in the Global Economy*. Washington: Institute for International Economics.

Mason, Matt. 2008. The pirate's dilemma. How youth culture is reinventing capitalism. London: Free Press.

Matthias, Pierson, Ahrens Thomas, und Fischer Karsten. 2007. *Recht des geistigen Eigentums: Patente, Marken, Urheberrecht, Design*. München: Vahlen.

Möller, Doris. 2007. Kampf gegen Markenpiraterie noch konsequenter führen. APM feierte heute in Berlin 10-jähriges Bestehen. o. O. Online verfügbar unter http://www.dihk.de/index.html?/inhalt/informationen/news/meinungen/index.html. Zugegriffen: 03. Juni 2008.

Müller, Stefan, und Martin Kornmeier. 2001. *Streitfall Globalisierung*. München: Oldenbourg.

Neemann, Christoph. W. 2007. *Methodik zum Schutz gegen Produktimitationen*. Aachen: Shaker.

Nestler, Claudia, Steffen Salvenmoser, und Kai-D Bussmann. 2007. *Wirtschaftskriminalität 2007. Sicherheitslage der deutschen Wirtschaft*. Frankfurt a. M.: PriceWaterhouseCoopers.

Nestler, Claudia, Steffen Salvenmoser, und Kai-D Bussmann. 2009. *Wirtschaftskriminalität 2009. Sicherheitslage in deutschen Großunternehmen*. Frankfurt a. M.: PriceWaterhouse-Coopers.

Neuner, Michaela, und Mentgen, Annika. 2009. Krise: Jetzt ist deutsches Knowhow in Gefahr. In: *Produktion* (44), S. 1.

OECD. 1998. *The Economic Impact of Counterfeiting*. Paris: Organisation for Economic Co-operation and Development OECD.

OECD. 2008. The economic impact of counterfeiting and piracy. Paris: Organisation for Economic Co-operation and Development OECD.

Olsen, Janeen E. 1992. Gaining Retailers' Rssistance in Fighting Counterfeiting: Conceptualization and Empirical Test of a Helping Model. *Journal of Retailing* 68 (1): 90–109.

Olsen, Karsten. 2005. Counterfeiting and Piracy: Measurement Issues. Background report for the WIPO/OECD Expert Meeting on Measurement and Statistical Issues, Genf, 17–18 October 2005.

Paradise, Paul R. 1999. Trademark Counterfeiting, Product Piracy, and the Billion Dollar Threat to the U.S. economy. Westport: Quorum books.

Peer, Mathias. 2009. Piratern halten Patente nicht auf. Vielen Mittelständlern fehlen effektive Maßnahmen zum Schutz gegen Ideeklau. *Handelsblatt*, 2. Dez.

Rehn, Selina C. W. 2010. Schutzmaßnahmen gegen Produktpiraterie im Funktionalbereich Marketing. In *Managementmaßnahmen gegen Produktpiraterie und Industriespionage*, Hrsg. Carsten Fussan, 1. Aufl. 121–182. Wiesbaden: Gabler.

Rodwell, Simon, Philippe van Eeckhout, Alasdair Reid, und Jacek Walendowski. 2007. Effects of counterfeiting on EU SMEs and a review of various public and private IPR enforcement initiatives and resources. o. O.

Rumelt, R. P. 1984. Towards a strategic theory of the firm. In *Competitive strategic Management*, Hrsg. R. Lamb, 556–570. Englewood Cliffs: Prentice-Hall.

Schüller, Margot. 2008. Technologietransfer nach China: Ein unkalkulierbares Risiko für die Länder der Triade Europa, USA und Japan? Berlin: Friedrich-Ebert-Stiftung.

Schultz, Clifford J., II, und Nill Alexander. 2002. The societal conundrum of intellectual property rights: A game-theoretical approach to the equitable management and protection of IPR. *European Journal of Marketing* 36 (5/6): 667–688.

Sokianos, Nicolas P. 2006a. Produkt- und Konzeptpiraterie: Herausforderungen im erweiterten Unternehmensnetzwerk. In *Produkt- und Konzeptpiraterie: Erkennen, vorbeugen, abwehren, nutzen, dulden*, Hrsg. Nicolas-Photios Sokianos, 15–54. Wiesbaden: Gabler.

Sokianos, Nicolas-Photios, Hrsg. 2006b. Produkt- und Konzeptpiraterie: Erkennen, vorbeugen, abwehren, nutzen, dulden. Wiesbaden: Gabler.

Staake, Thorsten, und Elgar Fleisch. 2008. Countering counterfeit trade: illicit market insights, best-practice strategies and management toolbox. Heidelberg: Springer.

Staake, Thorsten, Frederic Thiesse, und Elgar Fleisch. 2009. The emergence of counterfeit trade: a literature review. *European Journal of Marketing* 43 (3–4): 320–349.

Stephan, Michael, und Martin Schneider. 2008. Schutzstrategien zur Aufdeckung und Abwehr von (Produkt-). Piraterie. Marburg.

Tom, Gail, Barbara Garibaldi, Yvette Zeng, und Julie Pilcher. 1998. Consumer demand for counterfeit goods. *Psychology and Marketing* 15 (5): 405–421.

Trott, P., und A. Hoecht. 2007. Product counterfeiting, non-consensual acquisition of technology and new product development: An innovation perspective. *European Journal of Innovation Mangement* 10 (1): 126–143.

VDMA. 2006. Produkt- und Markenpiraterie in der Investitionsgüterindustrie 2006. Frankfurt a. M. Main.

VDMA. 2007. Produkt- und Markenpiraterie in der Investitionsgüterindustrie 2007. Frankfurt a. M. Main.

VDMA. 2008. Produkt- und Markenpiraterie in der Investitionsgüterindustrie 2008. Frankfurt a. M. Main.

VDMA. 2010. *VDMA-Umfrage zur Produkt- und Markenpiraterie 2010*. Frankfurt a. M. Main.

Voigt, Kai-Ingo, Martin Blaschke, und Christian W. Scheiner. 2008. Einsatz und Nutzen von Innovationsschutzmaßnahmen im Kontext von Produktpiraterie. In *Produkt- und Prozessinnovationen in Wertschöpfungsketten*, Hrsg. Dieter Specht, 85–107. Wiesbaden: Gabler.

Welge, Martin K., und Andreas Al-Laham. 2008. *Strategisches Management. Grundlagen - Prozess - Implementierung*. 5. Aufl. Wiesbaden: Gabler.

Welser, Marcus von, und Alexander González. 2006. *Marken- und Produktpiraterie: Strategien und Lösungsansätze zu ihrer Bekämpfung*. Weinheim: Wiley-VCH.

Wiedmann, Elke. 2002. Der Rechtsmissbrauch im Markenrecht. Dissertation. Universität Konstanz, Konstanz. Fachbereich Rechtswissenschaft.

Wildemann, Horst, Christoph Ann, Manfred Broy, Wilibald A. Günthner, und Udo Lindemann. 2007. *Plagiatschutz. Handlungsspielräume der produzierenden Industrie gegen Produktpiraterie*. 1. Aufl. München: TCW, Transfer-Centrum.

Wurzer, Alexander J. 2007. Praxishandbuch Internationaler Know-How Schutz. Methoden, Instrumente, Lösungen. Köln: Bundesanzeiger-Verlag.

Yang, Deli, Mahmut Sonmez, und Derek Bosworth. 2004. Intellectual Property Abuses: How should Multinationals Respond? *Long Range Planning* 37 (5): 459–475.